VIKTOR KRAFT

Die Grundlagen der Erkenntnis und der Moral

ERFAHRUNG UND DENKEN

Schriften zur Förderung der Beziehungen zwischen Philosophie und Einzelwissenschaften

Band 28

Die Grundlagen der Erkenntnis und der Moral

Von

Dr. Viktor Kraft

emer. o. Professor an der Universität Wien
wirkl. Mitglied der Österreichischen Akademie
der Wissenschaften

DUNCKER & HUMBLOT / BERLIN

Alle Rechte vorbehalten
© 1968 Duncker & Humblot, Berlin 41
Gedruckt 1968 bei Alb. Sayffaerth, Berlin 61
Printed in Germany

Vorwort

Die Grundlagen der Erkenntnis sind bereits in meiner „Erkenntnislehre" (1960) behandelt worden, aber nur soweit sie innerhalb des theoretischen Bereiches liegen. Daß die letzten Grundlagen der Erkenntnis in ihrer Verknüpfung mit dem praktischen Leben liegen, mit seinen Bedürfnissen und seiner Aktivität, wird erst hier zur Geltung gebracht. Dieser pragmatische Gesichtspunkt muß den rein theoretischen ergänzen, um volle Klarheit über die Grundlagen zu erlangen.

Gegenüber einem allzu einfachen Empirismus, wie bei *Russell* und im Wiener Kreis, der die Grundlagen der Erkenntnis, wenigstens der Wirklichkeitserkenntnis, ausschließlich im „Gegebenen", in den Sinnesdaten, sucht, aber darin bei den „theoretischen" Begriffen auf unüberwindliche Schwierigkeiten stößt, wird die grundsätzliche Bedeutung der Konstruktion aufgewiesen, der Bildung von neuem Begriffsgehalt, der nicht einfach in Beziehungen von Sinnesdaten besteht. Auf ihr beruht die Erkenntnis einer erlebnisjenseitigen objektiven Wirklichkeit. Darum wird hier noch einmal die Begründung eines Realismus gegenüber dem idealistischen Phänomenalismus gegeben, als einer Erkenntnis gegenüber einer bloßen Voraussetzung.

Weil eine objektive Wirklichkeit erst durch Erkenntnis konstituiert wird, muß der altehrwürdige Begriff der Wahrheit als Übereinstimmung mit der Wirklichkeit durch ein anderes Kriterium für Erkenntnis ersetzt oder geklärt werden. Weil einem Urteil Wahrheit nur zugeschrieben werden kann, wenn es als wahr *erkannt* ist, und weil diese Erkenntnis nur dadurch erhalten wird, daß das Urteil durch ein Aussagensystem eindeutig bestimmt wird, darum liegt in dieser eindeutigen Bestimmtheit und Invarianz die Beschaffenheit, welche mit „wahr" gemeint wird.

Die Begründung der Moral geht nicht dahin, eine neue Moral aufzustellen, sondern die längst entwickelte Moral theoretisch zu erfassen und eine stichhältige Begründung für sie zu geben. Es sind nicht viele Worte darüber zu verlieren, welche fundamentale Bedeutung die Frage nach der Grundlage der Moral hat. Allgemein anerkannt muß nur eine Begründung durch Erkenntnis werden. Eine solche habe ich in meiner Schrift

"Rationale Moralbegründung" (Sitzungsberichte der Österreich. Akademie der Wissenschaften, Phil.-hist. Kl., 242. Bd. 1963) versucht. Weil sie darin in ihrem logischen Zusammenhang noch nicht hinreichend klar dargelegt ist, besonders hinsichtlich der Ableitung von Forderungen aus Tatsachen, ist eine neuerliche Darstellung notwendig geworden. Und statt wie dort das Streben nach Sicherheit und Freiheit als oberste Ziele eines jeden zur Grundlage zu nehmen, wird hier das zweifellos allgemeine Streben nach Begehren-Befriedigung als letzte Voraussetzung zugrunde gelegt, weil es nicht völlig ausgeschlossen werden kann, daß es welche geben kann, die *nicht* nach Sicherheit und Freiheit verlangen. Diese Ziele werden nur als notwendige Bedingungen für weitest gehende Begehren-Befriedigung eingeführt. Sollte wider Erwarten auch die neue Darstellung logisch noch nicht völlig in Ordnung sein, so glaube ich damit doch wenigstens die Vorarbeit für eine Theorie der Moral geleistet zu haben.

Daß ich auf die umfangreiche Literatur zu den Grundlagen der Erkenntnis nicht eingegangen bin, wird man meinem Alter zugute halten müssen. Die Literatur zur Moralphilosophie der Gegenwart findet man angegeben bei *K. Acham,* Rationale Moralbegründung (Archiv für Rechts- und Sozialphilosophie, 1967, LIII/3) und bei *H. Albert,* Ethik und Metaethik (Archiv für Philosophie 11).

Und noch ein Wort zur Darstellungsweise möge noch hinzugefügt werden. Flüssiger Stil, leichte Lesbarkeit und Anschaulichkeit sind literarische Qualitäten. In der Wissenschaft kommt es aber vor allem auf klare Begriffe und auf Klarheit des logischen Zusammenhanges an; darum ist eine nüchterne Darstellung unvermeidlich. Nur müßte sie nicht so gedrängt sein wie die meine.

Der Wiener Universitäts-Bibliothek bin ich zu besonderem Dank verpflichtet für das große Entgegenkommen, mit dem sie meine Arbeiten unterstützt hat.

Viktor Kraft

Inhaltsverzeichnis

Erster Teil: Die Grundlagen der Erkenntnis

I. Die Erkenntnis 9
  1. Aussage, Sachverhalt, Urteil 9
  2. Erkenntnis als wahres Urteil 10
  3. Ein Normbegriff der Erkenntnis 11
  4. Erkenntnis als invariante Ordnung 12
  5. Erkenntnis der Erkenntnis? 16
II. Die Ordnung 18
  1. Gegenstand und Bedingungen der Ordnung 18
  2. Die Normen der Ordnung: Identität und Widerspruchslosigkeit 20
III. Die Sprache 23
IV. Der Begriff 24
V. Die Logik 28
  1. Logik-Kalkül und semantische Logik 28
  2. Die analytischen Beziehungen 30
  3. Die Grundlagen der Logik 32
  4. Logik und Mathematik 35
VI. Die Erfahrung 35
  1. Wahrnehmung, Sinnesdaten 36
  2. Die objektive Körperwelt 37
    a) Raum, Zeit, Gesetzmäßigkeit, Zahl 39
    b) Die Bestimmung der objektiven Körperwelt durch die Physik 41
  3. Fremde Erlebnisse, Dualismus 45
VII. Die Konstruktion 46
  1. Das Sinnproblem der Konstruktion 46
  2. Definierbarkeit der Konstruktionen 51
  3. Räumlichkeit und Zeitlichkeit als objektive Qualitäten ... 59
  4. Phänomenalismus, Realismus 61
  5. Objektive Existenz 66
VIII. Die Bedingungen der Gültigkeit von Konstruktionen 66
  1. Ableitbarkeit der Wahrnehmungen 66
  2. Die Voraussetzungen der Ableitung 68

      a) Die Gegenstände des naiven Realismus 68
      b) Die wissenschaftliche Bestimmung der objektiven Wirklichkeit in einer Theorie 71
   3. Die Begründung der Gültigkeit 75
   4. Gültigkeit, Wahrscheinlichkeit 82
   5. Wahrheit 84
   6. Das Ideal der Erkenntnis und das tatsächliche Wissen 86
IX. *Die Grundlagen der Erkenntnis* 89

Zweiter Teil: Die Grundregel der Moral

I. *Moralbegründung* 92
   1. Allgemeine Bestimmung der Moral 93
   2. Die bisherigen Begründungen der Moral 94
      a) Psychologisch 95
      b) Soziologisch 96
      c) Utilitaristisch 98
      d) Aprioristisch 99
      e) Phänomenologisch 100
   3. Problematik und Notwendigkeit der Moralbegründung 101
II. *Die Erkenntnis von Werten und Normen* 102
   1. Allgemeingültige Werte 102
   2. Heteronome und autonome Begründung von Normen 105
III. *Die Begründung der sozialen Moral* 110
   1. Begehrenbefriedigung 111
   2. Der überpersönliche Gesichtspunkt 112
   3. Die primären Ziele 114
   4. Die moralischen Forderungen 117
   5. Die Begründung ihrer Gültigkeit 119
   6. Ungleichheit der Begehrenbefriedigung 121
   7. Freiwillige Befolgung der Normen 125
   8. Verletzung der Normen 125
IV. *Moral und Recht* 130
   1. Ergänzung der Moral durch Recht 130
   2. Moral und Naturrecht 132
V. *Individualmoral* 134
   1. Bisherige Bestimmungen 134
   2. Die Kulturforderung 138
   3. Kultur und Glück 139
VI. *Die Überwindung des moralischen Relativismus* 141

Erster Teil

Die Grundlagen der Erkenntnis

I. Die Erkenntnis

1. Aussage, Sachverhalt, Urteil

Die erste Frage muß sein: Was ist Erkenntnis? Das heißt: Was wird mit „Erkenntnis" gemeint? Erkenntnis ist ein besonders qualifiziertes Wissen. Dieses ist nur dann festgelegt und bleibt dauernd erhalten und es ist nur dann nicht ein bloß subjektiver Besitz sondern mitteilbar, wenn es in Aussagen formuliert wird. In einer Aussage sind die Bedeutungen von Wörtern zu einer Bedeutungseinheit verbunden. Die Bedeutungseinheit stellt einen Sachverhalt auf, daß etwas der Fall ist (wie *Wittgenstein* sagt), z. B. daß ein Gegenstand eine Eigenschaft hat oder daß er in einer Beziehung zu anderen steht oder daß es eine Klasse von Gegenständen gibt usw.

Gegen den Begriff des Sachverhaltes sind mehrfach Einwände erhoben worden. *Brentano* hat den Sachverhalt für eine Fiktion erklärt, *Tarski* und *Carnap* haben ihn als dubios angesehen[1]. Eine syntaktische Verbindung von Wörtern, ein Satz, kann sinnvoll oder sinnlos sein. „Die Sätze sind nur sprachliche Hilfsmittel; dasjenige, worauf es ankommt, sind die in ihnen ausgedrückten Gedanken[2]." Ein Sachverhalt ist das, was ein sinnvoller Satz ausdrückt. Es kann etwas Physisches oder etwas Psychisches oder etwas „Geistiges", begrifflich Abstraktes sein. Der Sachverhalt wird nur bedeutet, nur gedacht. Real sind die psychischen Denkakte, in denen sich das Bedeuten vollzieht, und die sprachlichen Äußerungen oder Niederschriften.

Durch mehrfache Aussagen kann derselbe Sachverhalt bedeutet und ausgesprochen werden. Aussagen, die von einer Person zu verschiedener

---

[1] Siehe *V. Kraft*, Erkenntnislehre, 1960, IV, 2.
[2] *W. Stegmüller*, Das Wahrheitsproblem und die Idee der Semantik, 1957, S. 16.

Zeit gemacht werden oder von mehreren Personen, die in verschiedener Ausdrucksweise oder auch in verschiedenen Sprachen gemacht werden, können dasselbe zum Ausdruck bringen, z. B. den pythagoräischen Lehrsatz. Es ist ein identischer Sachverhalt, der von ihnen allen ausgesprochen wird. Dieser stellt aber keine platonische Idee dar. Es ist derselbe Sachverhalt, weil und sofern durch die Denkakte und ihre Äußerungen dieselben Gegenstände und Beziehungen bedeutet werden. Die „Designate" sind identisch. Der Sachverhalt, der einer solchen Klasse von Aussagen gemeinsam ist, wird als „Urteil" bezeichnet. Erkenntnis besteht nicht in Aussagen von Gelehrten, sondern in unpersönlichen und zeitlosen Urteilen. So wird sie wenigstens gefordert, darin soll sie bestehen.

2. Erkenntnis als wahres Urteil

Ein Urteil stellt nach herkömmlicher Ansicht eine Erkenntnis dar, wenn es wahr ist. Aber diese Bestimmung der Erkenntnis ist zu weit. Denn nicht alle Aussagen, die wahr sind, werden als Erkenntnis betrachtet. Es gibt zahlreiche Aussagen, die keinen Erkenntniswert haben, so offenkundige Tautologien, so banale Feststellungen über Tatsachen des Alltags. Solche Feststellungen können aber einen Erkenntniswert von großer Bedeutung erhalten, wenn sie Indizien in einem Gerichtsverfahren ergeben. Urteile werden dadurch zu Erkenntnis, daß sie Fragen beantworten und dadurch ein Interesse erhalten.

Ist andererseits die Bestimmung der Erkenntnis als wahre Urteile nicht wieder zu eng? Die Aussagen in den Wissenschaften sind zu einem großen Teil nur wahrscheinlich, besonders in den historischen Wissenschaften, nicht nur in den Kulturwissenschaften sondern auch in der Abstammungslehre, in der Orogenese u. a., aber auch in den Gesetzeswissenschaften, in der Physik, in der Biologie, in der Astronomie. Nach neopositivistischer Ansicht sind sogar *alle* Urteile über die empirische Wirklichkeit nur wahrscheinlich, weil die Naturgesetze nur mit Wahrscheinlichkeit gelten. Sind Urteile, die nicht wahr sondern bloß wahrscheinlich sind, keine Erkenntnis? Wenn man sie von der Erkenntnis ausschließt, dann wird diese sehr verringert und durchlöchert. Es ist z. B. wahrscheinlich, daß auf dem Mars die weiten Gebiete, die in dessen Sommer graugrün, in dessen Winter braun sind, mit Pflanzen niederer Arten bedeckt sind. Soll man dies *nicht* als eine Erkenntnis betrachten? Wenn man aber wahrscheinliche Urteile ebenfalls als Erkenntnis gelten lassen will, dann spaltet sich die Erkenntnis in eine endgültige und eine vorläufige. Denn wahrscheinliche Urteile können sich als falsch herausstellen und damit aufhören, Erkenntnis zu sein. Es gibt dann Erkenntnis, die nur zeitweise Erkenntnis ist, die zeitbedingt ist, neben einer dauernden, zeitlosen. Man ersieht daraus, daß der Begriff der Erkenntnis durch die Bestimmung als wahres Urteil nicht klar und zweifellos gegeben ist, sondern daß er erst präzisiert werden muß.

Vor allem hängt aber der Begriff der Erkenntnis, wenn sie als wahres Urteil definiert wird, von der Beantwortung der Frage ab, worin Wahrheit besteht. Die Antwort auf sie ist kontrovers; die Korrespondenztheorie und die Kohärenztheorie stehen sich gegenüber. Und die letzte Antwort ist, daß der Begriff der Wahrheit für Aussagen in natürlichen Sprachen überhaupt nicht exakt zu bestimmen ist. Eine strenge Definition der Wahrheit ist nach *Tarski* nur in einer formalisierten Sprache möglich[3]. Damit kommt Wahrheit nur für das Wenige, was an wissenschaftlicher Erkenntnis formalisiert ist, in Betracht. Für den allergrößten Teil der Urteile ist sie dann unverwendbar, für die historischen und die psychologischen und die biologischen vollständig. Damit wird gerade die Grundlage der traditionellen Bestimmung der Erkenntnis völlig problematisch.

3. Ein Normbegriff der Erkenntnis

Für die Bestimmung des Begriffes der Erkenntnis erscheint die Grundlage dadurch gegeben, daß Erkenntnis in weitestem Umfang vorliegt, nicht nur in den Wissenschaften sondern auch in den Erkenntnissen, die im Alltag verwendet werden. Wissen von Gegenständen und ihren Eigenschaften und Veränderungen bildet seine unentbehrliche Grundlage. Die totale Skepsis der Antike, die Verneinung von Erkenntnis überhaupt oder folgerichtiger, damit dadurch nicht selbst wieder eine Erkenntnis prätendiert wird, die Bezweiflung, ob es Erkenntnis gibt, kann heute noch weniger Ernst genommen werden als im Altertum, angesichts der riesigen Menge von Erkenntnis, auf die man hinweisen kann. Diese Skepsis hat nur einen Sinn, wenn man ein *Ideal* der Erkenntnis im Auge hat. Nur für ein solches könnte man seine Realisierung verneinen oder bezweifeln.

Der Begriff der Erkenntnis kann aber nicht einfach dadurch gewonnen werden, daß man auf Grund der vorhandenen Erkenntnis einen empiri-

---

[3] Siehe die klare Darstellung bei *W. Stegmüller*, Das Wahrheitsproblem... Das Wahrheitsproblem wird später (S. 84 f.) noch ausführlich behandelt.

schen Gattungsbegriff bildet[4]. Denn was als Erkenntnis vorliegt, ist nur das, was als solche angesehen wird. Das ist weder einheitlich noch unveränderlich. Es ist nicht nur das, was in den gelehrten Kreisen als Wissenschaft gilt, sondern von nicht wenigen wird auch Astrologie und Anthroposophie und Spiritismus für Erkenntnis gehalten. Und was als Wissenschaft gilt, ist nur der gegenwärtige Stand einer historischen Entwicklung. So wie ihm vielfach Urteile vorausgegangen sind, die als Erkenntnis gegolten haben, aber jetzt nicht mehr dafür gelten, so kann auch der gegenwärtige Stand nicht als der letzte, endgültige angesehen werden. All dem ist nur gemeinsam, daß zu verschiedenen Zeiten und von verschiedenen sozialen Gruppen etwas für wahr gehalten worden ist und wird. Auf diese Weise würde sich Erkenntnis nur als ein historisches und soziologisches Phänomen ergeben. Eine empirische Gattungsbegriffsbildung auf Grund dessen, was für Erkenntnis gehalten wird, genügt somit nicht.

Die Bestimmung des Begriffs der Erkenntnis muß vielmehr so erfolgen, daß er eine Sichtung zwischen dem, was für Erkenntnis gehalten wird und dem, was „mit Recht" als solche anzuerkennen ist, möglich macht. Man braucht einen Begriff der Erkenntnis, durch den der Anspruch, Erkenntnis zu sein, kritisch beurteilt und entschieden werden kann. Es muß deshalb ein Erkenntnisbegriff aufgestellt werden, der eine *Norm* dafür gibt, was als Erkenntnis zu gelten hat. Ein Normbegriff der Erkenntnis ist unerläßlich; ohne einen solchen gibt es keine Kritik; man müßte alles als Erkenntnis hinnehmen, was sich eine Anerkennung als solche errungen hat. Ohne einen Normbegriff der Erkenntnis gäbe es nur eine Geschichte sich wandelnder Urteile, die als Erkenntnis betrachtet werden, und eine Psychologie und Soziologie der Bedingungen dafür. Und deren Ergebnisse könnten selbst wieder nur als jeweils geltende, wandelbare Urteile in Betracht kommen.

4. Erkenntnis als invariante Ordnung

Der Normbegriff der Erkenntnis ergibt sich daraus, daß man sich klar macht, was mit ihr erstrebt wird. Die Wandlung dessen, was als Erkenntnis betrachtet wird, geht nicht regellos vor sich, sondern sie bewegt sich in einer bestimmten Richtung, in fortschreitender Annäherung an ein Ziel. Was bisher als Erkenntnis gegolten hat, wird gegebenenfalls korrigiert und verbessert oder auch fallen gelassen. Es zeigt sich darin ein

---

[4] Vgl. *V. Kraft*, Erkenntnislehre, I. 2. a), S. 8 f., und I. 3. a).

4. Erkenntnis als invariante Ordnung

Ziel und damit eine Norm, welche die Wandlungen leitet. Dieses Ziel gilt es klar zu erfassen.

Weshalb gibt es überhaupt so etwas wie Erkenntnis? Wozu brauchen wir sie? Der Mensch hat eine Sonderstellung unter den Lebewesen. Die Tiere sind durch ihre Organisation an eine bestimmte Umwelt angepaßt und ihr Leben ist durch angeborene Verhaltensweisen zum größten Teil festgelegt, es läuft mehr oder weniger automatisch ab. Dem Menschen fehlt hingegen eine spezialisierte Organisation[5]; sein Leben wird ihm nicht durch angeborene Verhaltensweisen vorgezeichnet. Dadurch ist der Mensch darauf angewiesen, sein Verhalten selbständig zu bestimmen, sich erst seinen Lebensbedingungen anzupassen oder diese seinen Bedürfnissen anzupassen. Daß ihm dies möglich ist, verdankt er der Ausstattung, die ihm als seine spezifische gegeben ist: seiner Intelligenz. Dadurch wird er instand gesetzt, sich selbst sein Leben zu gestalten, selbständig zu disponieren und zu handeln.

Der Mensch ist viel freier als jedes Tier, aber er ist damit auch viel ungesicherter. Im Gegensatz zu dem automatisch gesteuerten Verhalten der Tiere ist sein Leben auf ein Handeln eingestellt, das durch Absichten bestimmt wird, nicht lediglich durch Antriebe. Um sie zu verwirklichen, muß er wissen, was er tun soll, und dazu muß er wissen, was unter bestimmten Umständen geschieht. Infolge seines angeborenen Aktionssystems kann das Tier ganz in der Gegenwart leben, der Mensch nur als kleines Kind. Er muß sich auf die Zukunft einstellen, weil er sie selbsttätig zu gestalten hat. Er muß voraussehen können. Dazu muß er wissen, wie die Geschehnisse zusammenhängen und was er zu erwarten hat. Das leistet ihm die Erkenntnis.

Die Tiere nehmen nur jene Auswahl von Sinneseindrücken auf, die ihrer Organisation entspricht und dem Ausschnitt der Welt, in den sie eingepaßt sind. Es sind nur jene Sinneseindrücke, die für sie lebensnotwendig sind, weil durch sie die angeborenen Verhaltensweisen ausgelöst werden. Der Mensch muß sich in seiner Umwelt erst zurechtfinden. Er empfängt viel mehr Sinneseindrücke als die Tiere. Er muß die Sinneseindrücke, die ihm wahllos zuteilwerden, erst ordnen. Dadurch wird er Herr über die Mannigfaltigkeit seiner Erlebnisse, und dadurch wird erst

---

[5] Siehe *A. Gehlen*, Der Mensch, 1940. *A. Portmann*, Biologische Fragmente zu einer Lehre vom Menschen, 1944, 4. Die menschliche Daseinsart. „Umweltgebunden und instinktgesichert — so können wir in vereinfachender Kürze das Verhalten des Tieres bezeichnen. Das der Menschen mag demgegenüber weltoffen und entscheidungsfrei genannt werden."

ein geplantes Handeln möglich, auf das sein Dasein gestellt ist. *Die Ordnung der Erlebnisse, das ist die Aufgabe der Erkenntnis.* Damit ist der Zweck der Erkenntnis klargestellt: sie bildet das unersetzliche Mittel für das menschliche Dasein.

Das menschliche Handeln kann triebhaft anlaufen oder es kann durch Affekte geführt werden, beidemale geht es ohne Überlegung vor sich. Dem steht das planvolle Handeln gegenüber, das durch Überlegung bestimmt wird. Es sind Absichten bewußt und Mittel, die zu ihrer Realisierung dienen können. Als Mittel wurden und werden, besonders von Menschen auf niederer Kulturstufe, Handlungsweisen angesehen, die auf Aberglauben, auf einem Wahn beruhen, z. B. Heilung von Krankheiten durch magische Prozeduren. Solche Mittel sind im allgemeinen untauglich, um die Absichten zu erreichen; sie können nur gelegentlich durch Suggestion wirken. Ein erfolgreiches Handeln wird nur gewährleistet, wenn es durch ein Wissen davon geleitet wird, wie die Ereignisse unter einander zusammenhängen.

Im praktischen Leben hat die Erkenntnis somit eine letzte Grundlage. Aus ihm ist das Phänomen „Erkenntnis" erwachsen. Aber es gibt auch Erkenntnis, die aus reiner Wißbegierde hervorgeht. Es wird auch Wissen bloß um des Wissens willen gesucht, nicht nur wegen seiner praktischen Verwendung. Es gibt auch ein Wissen als Selbstzweck, nicht nur als Mittel zur Leitung des Handelns. Vor allem die historische Erkenntnis wird nicht um ihrer aktuellen Anwendbarkeit willen gesucht, ebensowenig die Astronomie von Sternsystemen, die unserem Handeln entzogen sind. Aber auch die Wißbegierde hat ihre biologische Wurzel. Es ist die Neugierde. Sie war eine der wichtigsten Eigenschaften des werdenden Menschen, wie sie auch manchen Tieren eigen ist. Die Neugierde hat ihn getrieben, sich mit neuartigen Erscheinungen zu beschäftigen, statt vor ihnen zurückzuschrecken und zu fliehen. Sie hat ihn dadurch zu wichtigen Entdeckungen und Einsichten geführt und ihm manche Furcht genommen. Erkenntnis um ihrer selbst willen kann ihre Bestimmung nicht ebenfalls dadurch erhalten, daß sie das Mittel bildet, um unsere Handlungen zu leiten. Man kann ihr Ziel so fassen: man will wissen, wie die Wirklichkeit ist und wie es gewesen ist. Was mit einem Wissen um des Wissens willen gesucht wird, ist wieder, sich in der Menge der Eindrücke und Gedanken zurechtzufinden, dadurch daß man eine Ordnung in ihnen auffindet. Die Erkenntnis als Selbstzweck hat dasselbe Ziel wie die Erkenntnis als Mittel zur Leitung des Handelns: Es ist eine invariante Ordnung, nicht nur der Sinneseindrücke sondern auch der Gedan-

4. Erkenntnis als invariante Ordnung

ken. Die Funktion der Erkenntnis für das Leben ist eine ganz allgemeine. Sie ist nicht nur das Mittel für die Sicherung des Lebens, nicht nur zur Schaffung technischer Hilfsmittel, nicht nur zur Befriedigung der Wißbegierde, sondern zur Verwirklichung unserer Absichten überhaupt. Und Absichten zu realisieren, nicht bloß durch Automatismen gesteuert zu werden, das ist die Art wie der Mensch sein Leben führen muß. Die Erkenntnis bildet das notwendige Mittel dazu. Damit ist der allgemeine umfassende Begriff der Erkenntnis bestimmt.

Diese Auffassung der Erkenntnis stimmt mit der des Pragmatismus insofern überein, als sie die Erkenntnis ebenfalls auf ihren Wert für das Leben gründet. Aber es besteht ein wesentlicher Unterschied. Wenn die Erkenntnis einfach durch ihre Nützlichkeit gekennzeichnet wird[6], dann ist das viel zu weit und unbestimmt. Denn Nützlichkeit ist etwas Relatives. Etwas kann nützlich sein für eine bestimmte Person oder für eine Gesellschaft oder für einen speziellen Zweck, z. B. eine bestimmte Meinung zu verbreiten. Aber was die Erkenntnis begründet, ist der universelle Zweck für das menschliche Leben, eine Ordnung in der Mannigfaltigkeit der Erlebnisse aufzufinden, um sich in ihr zurechtzufinden. Was ein Urteil zu einer Erkenntnis macht, ist nicht die Einfachheit oder die Ökonomie oder die praktische Brauchbarkeit seines Sachverhaltes. Daraus ergibt sich keine eindeutige und allgemeingültige Charakterisierung eines Urteils als Erkenntnis. Es kommt vielmehr auf das an, was im Leben ganz allgemein gebraucht wird: eine feststehende Ordnung der Erscheinungen.

Damit ein Urteil diesem Zweck entspricht, muß es bestimmte Bedingungen erfüllen. Das Wissen muß verläßlich sein, damit nicht die darauf gebauten Erwartungen enttäuscht werden. Dazu muß man wissen, wie die Ereignisse mit einander zusammenhängen; man muß eine Ordnung darin erkennen. (Worin Ordnung besteht und wie sie zustande kommt, wird im Folgenden (S. 18 f.) dargelegt werden.) Die Ordnung kann nicht eine beliebige sein; sie kann nicht willkürlich aufgestellt werden, wie z. B. die der Rangklassen der Beamten und ihrer Bezüge. Wenn eine Ordnung Tatsachen betrifft, versagt sie, wenn sie willkürlich ist. Es muß eine invariante Ordnung sein; und die Invarianz kann nicht dadurch zustandekommen, daß die Sachverhalte als unveränderlich festgesetzt werden, wie in religiösen Dogmen oder in politischen Ideologien, und daß man widerstreitende Sachverhalte nicht gelten läßt, daß man über

---

[6] W. *James*, Pragmatism, 1907 (deutsch 1940), S. 75: „Eine Vorstellung ist ‚wahr‘, solange es für unser Leben nützlich ist, an sie zu glauben."

sie hinwegsieht oder sie durch willkürliche Deutungen wegerklärt. Solche Festsetzungen erhalten entweder durch Autorität oder durch Macht ihre Gültigkeit, indem man sie entweder freiwillig oder gezwungen anerkennt. Solche Invarianz ist immer zeitlich und sozial begrenzt. Es muß aber eine unbeschränkte Invarianz sein, um sich durch sie sicher leiten lassen zu können.

Und man muß *wissen*, ob die ausgesagten Sachverhalte invariant sind. Nur dann kann man auf einen Erfolg rechnen, wenn man sein Verhalten nach ihnen richtet. Deshalb müssen die Urteile, welche die Erkenntnis bilden, begründet werden. Es muß angegeben werden, warum ein Urteil als invariant betrachtet werden darf. Dazu müssen die Sachverhalte, die in den Urteilen ausgesprochen werden, genau bestimmt sein. Das sind die Anforderungen, die an Erkenntnis gestellt werden. Erkenntnis besteht demnach in Urteilen, in denen eine Ordnung der Ereignisse eindeutig formuliert und als invariant begründet ist.

Durch diese Anforderungen wird die Erkenntnis bestimmt, wie sie sein *soll*, ein Normbegriff der Erkenntnis. Er ergibt sich dadurch, daß es sich um ein Ziel handelt und um die Bedingungen für seine Erreichung. Das Ziel: Erreichung der Absichten, ist durch die menschliche Natur gegeben; und das Mittel für seine Erreichung wird durch sachliche Bedingungen: invariante Ordnung, bestimmt. Durch sie werden Forderungen an die Erkenntnis gestellt und dadurch wird ein Normbegriff der Erkenntnis aufgestellt. Er gibt das Kriterium dafür, ob ein Urteil Erkenntnis ist. Es muß die Beschaffenheit haben, die im Begriff der Erkenntnis gefordert wird. Dieser Begriff wird nicht als ein empirischer Gattungsbegriff gegeben und auch nicht durch eine willkürliche Festsetzung aufgestellt, sondern durch ein teleologisches Verhältnis bestimmt. (Vgl. dazu S. 106 f.)

5. Erkenntnis der Erkenntnis?

Wenn so die Erkenntnis als Mittel für einen Zweck bestimmt wird, so wird dazu bereits Erkenntnis in weitem Umfang herangezogen: die Erkenntnis der Eigenart des Menschen und des Zweckes und der Bedingung für seine Erreichung. Damit ergibt sich die paradoxe Sachlage, daß die Bestimmung der Erkenntnis durch Erkenntnis, auf Grund von Erkenntnis erfolgt; es wird dazu schon Erkenntnis vorausgesetzt — ein offenkundiger Zirkel. Darum haben *Schelling* und *Hegel* und wieder *Nelson* eine Theorie der Erkenntnis für unmöglich erklärt. Dann bleibt nur der Dogmatismus übrig. Trotzdem hat man sich bisher nicht viel Sorge darüber gemacht und die Frage, wie man zu einer Bestimmung der Erkenntnis kommen kann, nicht aufgenommen.

Um diesen Zirkel zu vermeiden, müßte man ohne alle Voraussetzung von Erkenntnis beginnen. Der Erkenntnisbegriff müßte einfach festgesetzt werden. Eine Festsetzung kann willkürlich gewählt werden. Sie erhält ihre Gültigkeit entweder dadurch, daß sie von einer Autorität getroffen wird, oder durch allgemeines Einverständnis. Im ersten Fall hängt sie vom Glauben an die Autorität ab, im zweiten von der individuellen Zustimmung. In beiden Fällen ist eine Allgemeingültigkeit nicht gewährleistet. Nur sachliche Bedingungen müssen allgemein anerkannt werden.

Weil der Begriff der Erkenntnis durch einen Zweck und die Bedingungen für seine Erreichung bestimmt wird, hängt er von der Zielsetzung ab und es könnte deshalb bei einer anderen Zielsetzung auch ein anderer Erkenntnisbegriff aufgestellt werden. Aber der zugrundegelegte Zweck: die Erreichung unserer Absichten, ist ein naturgegebenes Ziel für den Menschen. Infolge dessen ist der aufgestellte Erkenntnisbegriff naturbedingt. Ein anderer Erkenntnisbegriff, der durch eine andere Zielsetzung konstituiert würde, könnte diesen nicht ersetzen. Dieser bleibt daneben immer bestehen, weil er unentbehrlich ist. Der Erkenntnisbegriff kann somit nicht beliebig festgesetzt werden[7].

Denn es kommt auf einen Erkenntnisbegriff an, der für das, was in der Wissenschaft und im Alltag als Erkenntnis auftritt, eine Kritik ermöglicht und die Norm dafür gibt. Er kann nicht beliebig gewählt werden. Man kann für die Aufstellung des Erkenntnisbegriffes nicht ab ovo anfangen. Es handelt sich vielmehr um eine Klarstellung dessen, was mit „Erkenntnis" erstrebt wird. Diese Klarstellung vollzieht sich dadurch, daß die Voraussetzungen aufgewiesen werden, auf denen die Aufstellung des Erkenntnisbegriffes beruht. Diese Voraussetzungen bestehen in Erkenntnissen, das heißt man nimmt an, daß die Urteile, welche sie enthalten, auch Erkenntnis im Sinn des auf ihrer Grundlage aufgestellten Erkenntnisbegriffes sind. Es wird damit angenommen, daß diese Urteile unter einen Begriff fallen, der erst definiert wird. Es wird also eigentlich nicht der erst aufzustellende Erkenntnisbegriff schon vorausgesetzt sondern die Zugehörigkeit von Urteilen zu einer noch nicht definierten Klasse. Wenn dann der Begriff der Erkenntnis aufgestellt ist, müssen

---

[7] Gegen V. *Kraft*, Erkenntnislehre, I. 3. b).

diese Urteile daraufhin geprüft werden, ob sie ihm entsprechen, ob sie die definierte Beschaffenheit haben. Sollte das nicht der Fall sein, dann müßten entweder die Ausgangsurteile unter dem Gesichtspunkt des aufgestellten Normbegriffes der Erkenntnis korrigiert werden oder es müßte auf Grund neuer Ausgangsurteile ein neuer Erkenntnisbegriff aufgestellt werden. Es ist aber keines von beiden erforderlich, weil die Voraussetzungen für die Aufstellung des Erkenntnisbegriffes nachträglich als ihm gemäß erwiesen werden können.

II. Die Ordnung

1. Gegenstand und Bedingungen der Ordnung

Erkenntnis besteht in invarianter Ordnung. Damit stellen sich zwei Fragen: Worin besteht Ordnung? Und was ist das, was geordnet wird? Eine Menge ist geordnet, wenn zwischen ihren Elementen identische Beziehungen bestehen[8]. Es können die Beziehungen der Gleichheit, der Ähnlichkeit, des Nacheinander, des Nebeneinander u. a. sein. So können Münzen auf verschiedene Weise geordnet werden, nach der Gleichheit in Bezug auf Gestalt und Größe und Material oder nach ihrem Alter oder nach ihrer Herkunft. Die Gleichheit der Gestalt und Größe ist ein und dieselbe Beziehung zwischen mehreren Münzen, ebenso ist es ihre zeitliche Aufeinanderfolge und ihre Herkunft aus derselben Prägestätte. Eine Mannigfaltigkeit ist soweit geordnet als in ihr identische Beziehungen aufgefunden sind. Die identischen Beziehungen müssen begrifflich festgelegt werden.

Was ist nun dasjenige, das geordnet werden soll, das noch-nicht-geordnete? Das läßt sich nicht ohne weiteres aufweisen. Die Erlebnisse, wie sie etwa in einer Biographie vorgeführt werden, schließen bereits die Ergebnisse vielfacher Ordnung in sich. Sie enthalten die Kenntnis von körperlichen Gegenständen und Vorgängen und von seelischen Zuständen anderer, von Kausalbeziehungen, von räumlichen und zeitlichen Verhältnissen; sie setzen schon eine geordnete Welt voraus. Um das *ursprünglich* noch Ungeordnete zu finden, muß man von derartigen Erlebnissen all das ablösen, was bereits Ergebnis von Ordnung ist. Der Rohstoff der Ordnung ergibt sich erst als das Produkt einer Analyse. Wenn man Er-

---

[8] Vgl. *A. Fränkel,* Mengenlehre und Logik, 1959, S. 79.

1. Gegenstand und Bedingungen der Ordnung

lebnisse aufsucht, die noch keine Kenntnis von Gegenständen enthalten, so gelangt man zu solchen, wie sie in den ersten Wochen oder Monaten eines Säuglings anzunehmen sind. Sie bestehen in wechselnden noch nicht differenzierten Gesamteindrücken, in triebhaftem Drang und Unlust, solange er nicht befriedigt wird, und in Lust bei seiner Befriedigung, in Komplexen von Empfindungen, von warm und kalt, von hell und dunkel, von bunten Flächen, von Geschmacks- und Geruchseindrücken. Es sind individuelle Konkreta, die nicht als Elemente einer Klasse (des Weißen, des Warmen ...) gegenwärtig sind, sondern als bloße, einfache Inhalte. Sie sind noch unbenannt, noch nicht begrifflich bestimmt. Das werden sie erst später, als Ergebnis ihrer Ordnung. Aus den Gesamteindrücken hebt sich allmählich einzelnes heraus, das gleichartig wiederkehrt und wiedererkannt wird, gleichartige Sinnesinhalte und dieselben Verknüpfungen von Inhalten verschiedener Sinnesgebiete (Gesichts- und Tast- mit Geschmacks- oder Gehörsempfindungen), Zusammenhänge von gegenwärtigen und nicht gegenwärtigen, erinnerten Eindrücken. Dadurch differenzieren sich die Gesamteindrücke. Durch das Wiedererkennen als gleichartig werden Teile aus ihnen ausgesondert und damit Glieder für identische Beziehungen gebildet. Dadurch wird die Grundlage für die Ordnung gegeben. Weil die Sinneseindrücke die größte Mannigfaltigkeit bilden, treten sie dabei in den Vordergrund. Aber was geordnet wird, sind nicht bloße Sinneseindrücke, sondern die Inhalte der Erlebnisse überhaupt. Und was diese enthalten, sind schon Ergebnisse von Ordnung; es sind Gegenstände und Vorgänge, körperliche, seelische, geistige. Deren Ordnung macht vor allem den Inhalt der wissenschaftlichen Erkenntnis aus, während die Bildung dieser Gegenstände größtenteils der vorwissenschaftlichen Ordnung angehört. Weil die Ordnung der Erlebnisinhalte durch identische Beziehungen, durch eine Zusammenfassung des Gleichartigen erfolgt, bringt sie eine Vereinfachung der Erlebnismannigfaltigkeit und dadurch eine Übersicht über sie.

Ordnung hat zwei Bedingungen, eine objektive und eine subjektive. Die objektive Bedingung besteht darin, daß in der Mannigfaltigkeit der Gesamteindrücke überhaupt identische Beziehungen enthalten sind. Die subjektive Bedingung liegt darin, daß solche Beziehungen aufgefunden werden oder hergestellt werden können. So kann Ordnung in einem doppelten Sinn aufgefaßt werden: als das Verfahren des Ordnens und als das Ergebnis dessen, die vorhandene Ordnung. Ebenso ist auch bei Erkenntnis die zweifache Bedeutung zu unterscheiden: Erkenntnis und erkennen, das Verfahren der Erkenntnisbildung und dessen Ergebnis. Mit dem Verfahren wird wohl der genetische Gesichtspunkt aufgenommen, aber nicht in psychologischer Hinsicht, sondern in theoretischer, hinsichtlich der Erkenntnismethoden. Das Verfahren ist die Bedingung für das Ergebnis; darum gehört es notwendig dazu. Denn Erkenntnis als invariante Ordnung muß erst aufgefunden oder hergestellt werden.

2. Die Normen der Ordnung: Identität und Widerspruchslosigkeit

Die Herstellung von Ordnung durch Auffindung identischer Beziehungen erfordert, daß eine Beziehung als dieselbe erfaßt und festgehalten wird. Die Identität ist eine Grundbedingung für das Verfahren der Ordnung, sie ist eine Grundforderung, eine Norm für die Bildung der Erkenntnis. Das Identitätsprinzip der traditionellen Logik ist eigentlich ein Prinzip der Ordnung. Wie der Identitätssatz in der traditionellen Logik ausgesprochen wird, in der Formel a = a, ist es eine Verlegenheit, ihr einen richtigen Sinn zu geben. Wird die Formel als Aussage einer Gleichheit verstanden, dann ist sie unrichtig. Denn Gleichheit ist eine Beziehung mit *zwei* Gliedern, mit „a" wird aber nur *ein* Individuum bezeichnet. Dann besagt die Formel: a ist sich selbst gleich. Das hat aber keinen Sinn, weil a nicht sich selbst gegenüber steht und deshalb nicht mit sich selbst verglichen werden kann. Wird die Formel hingegen als Aussage verstanden, daß a mit sich selbst identisch ist, dann spricht sie eine Trivialität aus, die wertlos ist, weil sie keine Verwendung hat. Identität kann nur in dem Sinn ausgesagt werden, daß in mehreren Beziehungen ein Glied dasselbe Individuum ist. Der Vater Philipps II. von Spanien und der Vater der Margarete von Parma ist identisch (nämlich Karl V.). Das Glied, das in der Beziehung R zu b steht, und das Glied, das in der Beziehung R zu c steht, ist identisch, es ist nur eine einzige Person und nicht zwei. Identität kann somit nur von einem Glied, das mehreren Beziehungen gemeinsam ist, ausgesagt werden.

In diesem Sinn wird mit Identität etwas Tatsächliches ausgesagt: ein bestimmtes Glied mit verschiedenen Beziehungen *ist* dasselbe. Für die Bildung von Ordnung wird Identität jedoch zu einer Forderung: ein bestimmtes Glied in mehreren Beziehungen *soll* dasselbe sein: z. B. was in eine gebundene Variable eingesetzt wird, soll dasselbe sein. Für das Ordnungsverfahren fungiert die Identität als eine Norm. Damit Ordnung zustandekommt, müssen in einer Mannigfaltigkeit identische Beziehungen nicht nur aufgefunden sondern auch als dieselben festgehalten werden. Sonst besteht keine Eindeutigkeit und ohne Eindeutigkeit gibt es keine Ordnung, denn dann herrscht Verwirrung. Darum stellt die Iden-

2. Die Normen der Ordnung: Identität und Widerspruchslosigkeit 21

tität die oberste Norm für das ordnende Denken dar. Was der Identitätssatz der traditionellen Logik sinnvoll besagt, ist diese Norm. Es genügt nicht, wenn er nur den Begriff der Identität einführt. Er stellt eine *Forderung:* die Identität und ihre Bewahrung: a *soll* immer und überall dasselbe a sein, a soll immer und überall dasselbe bedeuten.

Die normative Funktion tritt mit aller Klarheit beim zweiten Grundprinzip der traditionellen Logik zutage, beim Satz des Widerspruches. Denn er spricht ein Verbot aus. Der Widerspruch wird verboten, weil er die Eindeutigkeit aufhebt und dadurch die Herstellung von Ordnung unmöglich macht. Daß a und nicht-a sich ausschließen, ergibt sich aus dem Sinn von „nicht". Dieser ist das Primäre. Wenn der Sinn von „nicht" so bestimmt wird, daß die doppelte Verneinung einer Aussage der ursprünglichen Aussage äquivalent ist, dann ergibt sich der Widerspruch als die Beziehung zweier Aussagen, daß derselbe Sachverhalt durch die eine behauptet und durch die andere verneint wird. Weil damit gegen die Forderung der Bewahrung der Identität und der Eindeutigkeit verstoßen wird, muß der Widerspruch verboten werden. Es wird nicht einfach die Unverträglichkeit der Behauptung und der Verneinung desselben Sachverhaltes ausgesagt — das ist der rein logische Sinn des Widerspruches —, sondern es wird eine Norm aufgestellt: die Vermeidung des Widerspruches. Der Widerspruch ist eine logische Beziehung — aber damit hat es nicht sein Bewenden; es wird *gefordert,* daß kein Widerspruch bestehen soll.

Die Forderungen der Identität und der Widerspruchslosigkeit werden um der Ordnung willen gestellt, es sind Normen für das Ordnungsverfahren. Diese Grundsätze der traditionellen Logik gehören eigentlich gar nicht der Logik an. Denn diese ist ein System von Begriffen und Aussagen allgemeinster Art (siehe später S. 28 f.); sie stellt nicht Normen auf. Das zeigt sich klar in ihrer Form als Logik-Kalkül. Sie gibt die Regeln für das richtige Denken erst in ihrer Anwendung. Ordnung ist noch nicht Logik. Soldaten in Reih und Glied oder ein Kristallgitter stellen eine Ordnung dar, aber sie gehören nicht der Logik an. Die Logik ist schon *Ergebnis* von Ordnung, nicht ihre Grundlage.

Der 3. Grundsatz der traditionellen Logik, der Satz vom ausgeschlossenen Dritten, ist von anderer Art. Er stellt keine direkte Forderung für das Ordnungsverfahren auf, sondern er formuliert die Bedeutung von „nicht". Die Negation spricht die Verschiedenheit von einem Begriff (z. B. Nicht-Raucher) oder einem Sachverhalt (es ist nicht so) aus, das Anders-sein. Weil es zwischen Gleichheit und Verschiedenheit gemäß der

Bedeutung dieser Begriffe kein Drittes gibt — Ähnlichkeit ist nicht Gleichheit, sondern eine besondere Art von Verschiedenheit —, wird durch die Negation die ganze Sphäre des jeweils Denkbaren in zwei sich ausschließende Gebiete geteilt. Das spricht der Satz vom ausgeschlossenen Dritten aus. Wenn er so formuliert wird, daß eine Aussage nur entweder wahr oder falsch sein kann, dann wird er speziell auf den Wahrheitswert angewendet[9]. Er ist ein viel allgemeinerer Grundsatz, der der Semantik angehört. Er enthält die Festsetzung, einer Bedeutung und nur mittelbar, durch deren Anwendung eine Norm für das Verfahren.

Die Sätze der Identität und des Widerspruchs enthalten Forderungen, Normen, nicht Gesetze der Wirklichkeit. Das zeigt sich wieder mit besonderer Deutlichkeit beim Widerspruchssatz. In der Wirklichkeit gibt es den Widerspruch gar nicht. In ihr ist nicht eine Tatsache und ihre Negation vorhanden, sondern nur eine einzige von beiden Tatsachen. Daß es zugleich regnet und nicht regnet, gibt es nicht. Die Negation einer Tatsache existiert in der Wirklichkeit nicht, sie wird nur im Denken gesetzt. Der Widerspruch kann nur gedacht werden; er besteht nur zwischen Aussagen. Die Unmöglichkeit, daß etwas so und zugleich nicht so ist (daß es zugleich regnet und nicht regnet), wird nicht in der Wirklichkeit konstatiert, sondern sie rührt nur daher, sie besagt nur das, daß es unzulässig ist, denselben Sachverhalt zu bejahen und zu verneinen. Das wird durch die Normen der Ordnung ausgeschlossen.

Diese können ihre Gültigkeit deshalb nicht als Erkenntnis der Wirklichkeit erhalten; sie gelten nicht, weil sie wahr sind, sondern weil sie unbedingt notwendig für Ordnung sind. Wollte man sie aufgeben und statt ihrer andere oder überhaupt keine einführen, dann wäre Ordnung unmöglich. Ohne Identität und Eindeutigkeit kann keine Ordnung zustandekommen. Ihre Gültigkeit beruht somit darauf, daß sie die unerläßliche Bedingung von Ordnung und damit für Erkenntnis sind. Die Gültigkeit der Ordnungsnormen ist somit teleologisch begründet als Bedingungen für die Erreichung eines Zieles. Damit haben sie anscheinend nur eine *bedingte* Gültigkeit. Wer nicht rational handeln will, der müßte diese Normen nicht anerkennen. Aber es ist die spezifische Art des Menschen, seine Absichten durch spontanes Handeln zu erreichen, nicht durch Auslösung von angeborenen Verhaltensweisen. Und mit Erfolg kann er sie auf die Dauer nur durch rationales Handeln erreichen, nicht durch erraten und nicht durch magische Prozeduren. Deshalb müssen die Nor-

---

[9] So auch *Zinnov'ev*, Philosophical Problems of Many-valued Logic, 1963, S. 7.

men der Ordnung von jedem anerkannt werden; sie haben eine notwendige und allgemeine Gültigkeit.

Damit sind aber die Grundlagen der Ordnung noch nicht vollständig klargestellt. Wenn die Bildung von Ordnung durch die Normen der Identität und der Widerspruchslosigkeit geleitet werden soll, muß man auch dessen gewiß sein, daß ihnen gemäß verfahren wird. Daß Beziehungen als dieselben wiedererkannt sind und daß sie als dieselben festgehalten werden, daß kein Widerspruch besteht, das beruht in letzter Linie auf unmittelbarer Einsicht. Diese gibt die letzte Grundlage. Sie ist auf andere Weise, diskursiv, nicht möglich, sonst kommt es unvermeidlich zu einem unendlichen Regreß. Es mangelt dann jede Sicherheit.

Durch Ordnung entsteht Neues gegenüber dem ursprünglich Gegebenen. Ordnung ist Neuschöpfung. Sie geht im Denken vor sich: Das Neue wird gedacht, im Denken produziert. Ordnendes Denken ist eine durch Ziele geleitete Tätigkeit. Man kann es als eine Aktivität auffassen, aber auch als einen Prozeß, der neben anderen Gegebenheiten durch Absichten determiniert wird. Man ist nicht einseitig zur Auffassung einer Spontaneität des Ich gezwungen. Wenn man ein „transzendentales Ich" als aktiven Faktor einführt, wird damit nicht mehr gesagt als daß der Prozeß der Ordnungsbildung eine Ursache hat. Diesen Prozeß aufzuklären, ist eine Sache der Psychologie. Sie liegt außerhalb dieser Analyse der Erkenntnis.

III. Die Sprache

Die gefundene und hergestellte Ordnung festzuhalten, dient die Sprache und die Schrift[10]. Den Elementen und Resultaten der Ordnung werden Laute und sichtbare oder tastbare Formen zugeordnet. Dadurch kommt die Beziehung der Bezeichnung oder Bedeutung zustande. Sie besteht darin, daß Gegenstände miteinander in der Weise verknüpft werden, daß der eine als Zeichen den andern als das Bezeichnete ins Bewußtsein ruft und ihn im Bewußtsein vertritt. Was bezeichnet, bedeutet wird, sind nicht einzelne Erlebnisinhalte, wie sie in einer bestimmten Situation zu einer bestimmten Zeit vorliegen, sondern Mehrfaches, Wiederkehrendes und Wiedererkanntes. Auch Eigennamen bezeichnen ein Individuum

---

[10] Ausführlich V. *Kraft,* Erkenntnislehre, 1960, II.

nicht als etwas Einmaliges, hier und jetzt vorhandenes, sondern als etwas kontinuierlich Existierendes oder immer wieder Vorfindbares (z. B. Wien) oder als einen gewesenen Komplex (z. B. Newton).

Durch die Sprache werden die Erlebnisse mitteilbar. Die Verständigung beruht letztlich darauf, daß durch die sprachlichen Zeichen auf etwas Gemeinsames, Identisches hingewiesen wird. Durch die Schrift erhalten die sprachlichen Äußerungen, die immer noch flüchtig sind, eine Dauer in einer objektiven Gestalt. Nur mit ihrer beiden Hilfe können die Gedankensysteme aufgebaut werden, durch die eine dauernde Ordnung hergestellt wird.

Wenn durch die Sprache und die Schrift eine Ordnung festgehalten werden soll, müssen sie den Anforderungen entsprechen, welche für Ordnung konstitutiv sind. Die Bezeichnungen müssen eindeutig sein; deshalb soll ein und dasselbe Zeichen immer denselben Gegenstand bezeichnen. Die natürlichen Sprachen erfüllen diese Anforderung nicht; sie sind vielfach vag und mehrdeutig. Es ist das Ideal einer Sprache, das mit der Anforderung aufgestellt wird. Es wird in künstlichen, formalisierten Sprachen zu erreichen gesucht.

Sprache und Schrift sind Neuschöpfungen, die zu dem Erlebnisgegebenen hinzutreten. Durch sie wird erst der Aufbau einer dauernden, invariablen Ordnung möglich.

IV. Der Begriff

Ein fundamentales Ergebnis der Ordnung ist der allgemeine Begriff. In der symbolischen Logik wird der Begriff als eine Satzfunktion dargestellt, als ein Satz mit einer Leerstelle, als ein unvollständiger Satz. Er wird nicht als eine selbständige Bedeutungsart neben dem Satz betrachtet. Aber wenn ein Begriff z. B. rot durch die Satzfunktion „x ist rot" dargestellt werden soll oder der Begriff Vater durch die Satzfunktion „x ist Vater von y"[11], — was bedeutet dann darin „rot" oder „Vater"? Wenn damit nicht der Begriff rot oder der Begriff Vater schon vorausgesetzt werden soll, weil das eine pet. princ. involvierte, dann kann damit nur das *Wort* „rot" oder „Vater" gemeint sein und daß mit ihm eine Menge von Einzelnem bezeichnet wird. Aber „dasselbe Wort" („rot" oder „Vater") besteht nicht in einem und demselben Wort-Individuum, einem

---

[11] B. *Juhos*, Elemente der neuen Logik, 1954, S. 24.

einzigen, sondern selbst schon in einer Klasse von solchen[12]. *Welche* einzelnen Gegenstände mit „rot" und welche mit „Vater" bezeichnet werden sollen, ist nicht beliebig. Sie müssen aus der Menge alles Einzelnen nach je einem bestimmten Gesichtspunkt, immer nach demselben, ausgewählt werden, womit wieder bereits je ein Begriff vorausgesetzt wird. Denn durch eine *Aufzählung* des Einzelnen, das so zu bezeichnen ist, kann diese Auswahl nicht erfolgen. Das ergäbe nur eine bestimmte, begrenzte Menge. Aber was mit einem Wort zu bezeichnen ist, geht grundsätzlich darüber hinaus; es ist viel mehr als man aufzählen kann. Es erstreckt sich auf *alles* von einer bestimmten Art. Um die Menge dessen zu bestimmen, braucht man ein Auswahlkriterium, nach dem man für irgend ein Einzelnes entscheiden kann, ob es so zu bezeichnen ist. Das Auswahlkriterium kann durch Ähnlichkeit mit einem Einzelnen, einem Muster, gebildet werden. Einem Kind wird gesagt: So etwas wie dieses ist rot. Dadurch wird das Kind zur Bildung eines offenen Bereiches angeleitet und damit zur Erfassung einer allgemeinen Eigenschaft: rot. Wörter für Eigenschaften wie „rot" und für Beziehungen wie „Vater" bedeuten etwas, das über eine aufzählbare Menge von Einzelnem hinausgeht; etwas Allgemeines, Begriffe. Diese geben die Auswahlkriterien ab. Das tritt unverkennbar zutage, wenn man weniger triviale Beispiele wählt, etwa „x ist Na" oder „x ist diskordant". Der allgemeine Begriff läßt sich nicht ausschalten, er ist unentbehrlich. Der Begriff kann nicht extensional und nominalistisch durch die Menge dessen ersetzt werden, was unter ihn fällt, ohne daß ein begriffliches Auswahlkriterium für diese Menge benötigt würde.

Ein Nominalismus, wie ihn *Quine*[13] und ihm folgend *Goodman*[14] vertreten, der nur Individuen zuläßt und alles, was nicht Individuum ist, das Allgemeine, ausschließt, ist unhaltbar; er läßt sich nicht durchführen. Wenn den Individuen Prädikate zugeschrieben werden, können diese nicht Begriffe von Eigenschaften und Beziehungen bedeuten, sondern es kann mit ihnen nur das individuelle So-sein der Individuen benannt werden. Die Wörter dafür können nur als Eigennamen fungieren; denn es gibt ja keine Gattungsnamen. Und zwar benennen sie nur ein jedesmal anderes individuelles So-sein. Auf diese Weise kann aber keine zusammenfassende Ordnung aufgebaut werden. Das begrifflich Allgemeine ist unentbehrlich.

---

[12] Siehe *V. Kraft*, Erkenntnislehre, S. 60 und 61.
[13] *W. Quine*, Designation and Existence (Journal of Philosophy 36 1939).
[14] *N. Goodman*, The Structure of Appearance, 1951, II, 3.

Dem Nominalismus als ausschließliche Alternative den Platonismus gegenüberzustellen, wie es *Goodman* tut und auch *Stegmüller*[15], ist irreführend, weil damit der spezifische Sinn des Platonismus vernachlässigt wird. Er besagt, daß allgemeine Ideen selbständig existieren. Aber es läßt sich ohne Metaphysik angeben, wie das Allgemeine existiert. Es wird gedacht; es existiert in den Denkakten, in denen zusammenfassende, allgemeine Bedeutungen gedacht werden. Die Denkakte sind wohl einzelne, individuelle, aber das Wesentliche ist, daß in ihnen nicht Individuelles, sondern Allgemeinheit gedacht wird. Das Allgemeine läßt sich durch Individuelles nicht ersetzen[16].

Worin besteht nun das Allgemeine? Was als Gegenwärtiges vorliegt, ist immer etwas Einzelnes, das so und so beschaffen ist. Es zeigt sich, daß mehreres Einzelne in einer bestimmten Hinsicht gleich beschaffen ist (z. B. gleiche Gestalt und Größe) oder ähnlich ist (z. B. in der Farbe) oder daß mehreres Einzelne in der gleichen Beziehung zueinander steht (z. B. der Aufeinanderfolge). Indem das, worin mehreres Einzelne einander gleich oder ähnlich ist, gesondert zum Bewußtsein kommt, wird es vom Einzelnen unterschieden und isoliert erfaßt. Darin besteht die Abstraktion.

Aber diese herausgehobene und verselbständigte Gleichheit oder Ähnlichkeit hinsichtlich einer Beschaffenheit oder Beziehung ist noch nicht etwas Allgemeines. Denn es ist nur eine Beziehung zwischen den bestimmten einzelnen Daten. Allgemein wird sie erst dadurch, daß die Gleichheits- oder Ähnlichkeitsbeziehung darüber hinaus ausgedehnt wird auf *alles* derartiges Einzelne. Insofern könnte man von induktiver Verallgemeinerung sprechen, aber nur in einem anderen Sinn als ihrem historischen. Denn sie betrifft nicht die Verallgemeinerung von Aussagen, sondern von Beziehungen. Deshalb ist sie auch nicht hypothetisch, sondern konstitutiv. Aus der *begrenzten* Menge muß eine *offene* Menge werden, in die jedes Einzelne eintreten kann, das dieselbe Gleichheit oder Ähnlichkeit aufweist. Die Zusammenfassung des Gleichen bleibt nicht auf die aufgefundenen Einzelfälle beschränkt, sondern sie soll auch Fälle umfassen, die *nicht* vorliegen, aber möglicherweise auftreten. Durch die von den Einzelfällen abstrahierte Gleichheit wird der Auswahlgesichtspunkt, das Kriterium dafür gegeben, wann etwas zu einer bestimmten Menge gehört. In dieser Unbeschränktheit der Glieder einer identischen

---

[15] *W. Stegmüller*, Das Universalienproblem einst und jetzt (Archiv für Philosophie 6).
[16] Vgl. *V. Kraft*, Erkenntnislehre, S. 87 f.

Beziehung besteht die Allgemeinheit. Damit tritt etwas Neues zum gegebenen Einzelnen hinzu; es ergibt den *Begriff* und wird durch eine Bezeichnung festgelegt.

Diese Struktur gilt in erster Linie für den Begriff in logischer Hinsicht, für den das Gemeinsame dessen, was unter ihn fällt, durch eine Definition angegeben werden kann. Die undefinierten Begriffe der Alltagssprache (Tisch, Blume, Tier) sind nur unvollkommene Bildungen in derselben Weise. In ihnen wird Einzelnes, das einander ähnlich ist, zusammengefaßt, ohne daß man sich dessen klar bewußt ist, was das Gemeinsame ist. Es wird ebenfalls eine offene Menge gebildet, ohne daß man aber das Auswahlkriterium ausdrücklich angeben kann. Man kann nur sagen: so etwas wie dieses — ein vorgewiesenes Beispiel. Es wird nur von Fall zu Fall entschieden, ob ein Einzelnes dem bisherigen Zusammengefaßten so ähnlich ist, daß es zu der Menge gehört, die unter den Begriff fällt.

Das Auswahlkriterium der abstrakt isolierten Gleichheit dessen, was den einzelnen Fällen gemeinsam ist, bildet den *Inhalt* eines Begriffes. Durch ihn wird der *Umfang* des Begriffes bestimmt, die Menge dessen, was unter ihn fällt. Dieser ist eine Menge, die nicht durch Aufzählung ihrer Elemente gebildet werden kann, eine offene, keine geschlossene Menge. Darin liegt der Unterschied zwischen einer Menge und einer Klasse. Der Umfang eines Begriffes ist eine Menge, in die immer neue Elemente eintreten können, sofern sie dem Auswahlkriterium seines Inhalts entsprechen. Darum setzt der Umfang eines Begriffes immer dessen Inhalt voraus (die Extension die Intension). Dieser ist das Maßgebende. Darum kann der Versuch des radikalen Nominalismus, den Begriff durch seinen Umfang zu konstituieren, um das Allgemeine auszuschalten, nicht gelingen. Die in der symbolischen Logik zur Kennzeichnung allgemeiner Sätze verwendeten Ausdrücke „alle" d. h. „jeder" beziehen sich auf den Umfang; aber mit dem Prädikat wird immer auch das begrifflich Allgemeine eingeführt. Dieses ist unentbehrlich. Ohne es wäre die Mannigfaltigkeit des Gegebenen unübersehbar. Nur ihre Vereinheitlichung durch allgemeine Begriffe macht ihre Beherrschung möglich.

Der allgemeine Begriff ist eine gedankliche Neuschöpfung. Er geht grundsätzlich über das vorliegende Einzelne hinaus durch Einführung von etwas, das nicht vorliegt, sondern nur möglicher Weise auftritt; von allem, das in einer bestimmten Hinsicht gleichartig ist. Das ist ein neu konzipierter Bereich: der einer nicht abgegrenzten Gemeinsamkeit. Eine allgemeine Beziehung wird intuitiv erfaßt. Insofern ist es ein psychologischer Vorgang. Die Grundlagen für das begrifflich Allgemeine sind die der Ordnung: das Vorhandensein von Gleichheit, als objektive Bedingung und normgemäßes Verfahren als subjektive. Diese Neuschöpfung hat fundamentale Bedeutung. Das begrifflich Allgemeine bildet die Grundlage für alle weitere Ordnung.

V. Die Logik

1. Logik-Kalkül und semantische Logik

Eine unentbehrliche Grundlage der Erkenntnis ist die Logik. Sie wird gegenwärtig, in der Logistik, in einem Kalkül dargestellt. Ein reiner Kalkül ist nur ein Spiel mit Figuren nach Regeln, dem Schachspiel vergleichbar. Die Figuren und die Regeln werden durch Festsetzung eingeführt. Nicht jeder Kalkül ist ein Logik-Kalkül. Ein solcher ist nur derjenige, dessen Konstruktion dadurch bestimmt ist, daß er der inhaltlichen, semantischen Logik entspricht. Er ist kein reiner Kalkül, sondern ein interpretierter. Seine Figuren sind Zeichen für etwas, sie haben eine Bedeutung. Für die logischen Konstanten und die Operatoren steht das außer Zweifel. Sie müssen ihrem Sinn nach verstanden werden, um ihre Funktion erfüllen zu können. Aber auch die Variablen sind nicht bloße Leerstellen für eine Einsetzung[17], auch sie haben einen Sinn. Sie stehen für eine Einsetzung bestimmter Art; es gibt zulässige und unzulässige Einsetzungen[18]. Die materialen Konstanten, neben den logischen, bezeichnen Individuen (a, b) oder Eigenschaften (f, g) oder Beziehungen (R, S) oder Aussagen (p, q), im allgemeinen oder als bestimmte einzelne. Ein interpretierter Kalkül ist eine Sprache, und zwar eine Symbolisierung zweiter Stufe. Denn die Wortsprache bedient sich schon der Symbole und für diese stehen die Symbole der Kalkülsprache. Was ein interpretierter Kalkül bezeichnet, hat nicht alles logischen Charakter. Die sogenannten logischen Konstanten sind eigentlich nur Zeichen für die Ver-

---

[17] Wie z. B. *A. Menne*, Zur logischen Analyse der Existenz. (In: M. Bochenski, Logisch-philosophische Studien, 1959 S. 97: „Diese Variable x bedeutet selbst gar nichts" — gemeint ist: kein bestimmtes Individuum oder keine bestimmte Eigenschaft, — „sondern zeigt nur den Platz an, an den eine Konstante eingesetzt werden kann" — dieses anzuzeigen (designieren), macht eben die Bedeutung der Variablen aus.

[18] „Zu jeder Variablen muß eine Funktion mitangegeben werden, durch die die Variable erst ihre Bedeutung erhält." (*B. Juhos*, Elemente der neuen Logik, 1954, S. 22).

1. Logik-Kalkül und semantische Logik

knüpfung von Aussagen. Die materialen Konstanten haben einen deskriptiven d. i. einen nicht-logischen Gehalt. „fx" bedeutet: etwas, das die Eigenschaft f hat; „fa" bedeutet: ein bestimmter einzelner Gegenstand, der die Eigenschaft f hat; „fx→gx" bedeutet eine deskriptive Beziehung, es ist eine materiale Implikation, keine logische. Spezifisch logisch sind Beziehungen zwischen Begriffen und zwischen Urteilen, die *lediglich auf Grund schon hergestellter Ordnung* bestehen und nicht erst innerhalb der Erlebnismannigfaltigkeit neu aufgefunden werden müssen. Es bedarf dazu keiner weiteren Regeln außer den Normen der Ordnung. Für einen Kalkül sind hingegen zur Herstellung von Beziehungen zwischen den Zeichen Regeln erforderlich, die eigens festgesetzt werden müssen. Ein Kalkül hat operativen Charakter. Die logischen Beziehungen kommen nicht erst gemäß eigenen Regeln zustande, sondern sie werden als bestehend erkannt. Die Regeln eines Logik-Kalküls werden so gewählt, daß die Kombinationen, die sich ihnen gemäß ergeben, den logischen Beziehungen entsprechen, daß sie „logisch wahr" sind. Der Logik-Kalkül ist nur die Formalisierung, und damit die Präzisierung der inhaltlichen Logik.

Das spezifisch logische sind die analytischen Beziehungen zwischen Begriffen und Urteilen. Gegen die Unterscheidung von analytisch und synthetisch sind von *Quine* und anderen Einwände erhoben worden, die sie als unbrauchbar zeigen sollen[19]. Es lasse sich keine scharfe Grenze zwischen analytisch und synthetisch ziehen. Um zu bestimmen, ob ein Urteil synthetisch ist, komme es auf Synonymität an und diese lasse sich wieder nur aus dem analytischen Charakter ersehen. Aber diese Einwände sind nicht stichhaltig. Der analytische Charakter kann ohne das selbständig festgestellt werden[20].

Analytisch sind Beziehungen, die schon allein aus gegebenen Begriffen und Urteilen erkannt werden können. Dazu müssen die Begriffe klar bestimmt sein. Dies wird durch ihre Definition geleistet. Diese Bedingung der Analytizität kann zweifellos erfüllt werden und sie wird in der Wissenschaft größtenteils erfüllt. Wenn keine Definitionen vorliegen, wie meistens in der Umgangssprache, dann läßt sich allerdings nicht ohne weiteres klar entscheiden, ob ein Urteil analytisch ist. Die Logik hat somit die Bedeutung von Begriffen und den Sinn von Urteilen zur Voraussetzung. Sie kann nur semantisch konstituiert werden.

---

[19] Siehe die vortreffliche Darstellung in W. *Stegmüller*, Das Wahrheitsproblem und die Idee der Semantik, 1957, S. 291 f.
[20] Siehe R. *Carnap*, Measuring Postulates (Philosophical Studies. III. 1952).

Die Logik enthält nicht die Regeln für das richtige Denken — diese werden durch die Normen der Ordnung gegeben —, sie ist keine normative Disziplin, sondern ein theoretisches System von Erkenntnissen. Es sind die analytischen Beziehungen zwischen Begriffen und zwischen Urteilen.

2. Die analytischen Beziehungen

Die Logik ergibt sich dadurch, daß die Begriffe und die Urteile, die bereits Ergebnisse der Ordnung sind, wieder geordnet werden. Alle Begriffe erweisen sich darin als gleichartig, daß sie einen Inhalt und einen Umfang (Intension und Extension) haben. Wenn der Inhalt von Begriffen durch ihre Definition gegeben ist, werden Beziehungen zwischen ihnen ersichtlich, welche in analytischen Urteilen ausgesprochen werden. Es sind die Beziehungen der Einschließung eines Begriffes durch einen anderen, damit der Über- und Unterordnung, von allgemeineren und spezielleren, dann der gegenseitigen Ausschließung, des Durchschnittes und der Vereinigung. (Wenn diese Beziehungen in der traditionellen Logik durch die Umfänge dargestellt werden, so geschieht dies nur, weil diese Beziehungen so besonders deutlich, anschaulich gemacht werden können. Aber sie können nicht aus den Umfängen allein abgeleitet werden, weil der Umfang nicht selbständig bestimmt werden kann, sondern den Inhalt voraussetzt.) Es sind Beziehungen allgemeinster Art zwischen Begriffen, formale und damit logische Beziehungen.

Auch für die *Urteile* lassen sich gemeinsame allgemeinste Beschaffenheiten aufweisen: Ein Urteil ist entweder bejahend oder verneinend, allgemein oder partikulär. Zwischen Urteilen ergeben sich Beziehungen, die nur durch logische Beziehungen der in ihnen enthaltenen Begriffe hergestellt werden, rein logische, analytische Beziehungen. Wenn die Definitionen der betreffenden Begriffe gegeben sind, dann können aus diesen allein die Beziehungen der Urteile erkannt werden, ohne weitere Feststellungen. Es sind der Widerspruch und die logische Folge. Die logischen Beziehungen der Begriffe sind das Wesentliche dafür. Die sogenannten logischen Konstanten (und, oder, wenn—dann, nicht) stellen bloß Verknüpfungen von Urteilen her, aber nicht logische Beziehungen zwischen ihnen. Sie ergeben synthetische, nicht analytische Urteile. Es kommt erst darauf an, festzustellen, ob jeder einzelne der verknüpften Sätze wahr ist. Es werden damit nur *Bedingungen* für die Wahrheit des zusammengesetzten Urteiles angegeben. Ein Urteil, das eine logische Beziehung ausspricht, ein analytisches, ist hingegen bloß aus seinen Begriffen als logisch wahr zu erkennen. Daß durch die satzverknüpfenden Konstanten noch keine *logische* Beziehung zwischen den verbundenen Urteilen hergestellt wird, ist bei der Verknüpfung durch wenn—dann klar zutage getreten. Man muß zwischen einer materialen und einer logischen Implikation unterscheiden. Auch durch „nicht" wird nur dann eine logische Beziehung, der Widerspruch, zwischen zwei Urteilen gesetzt, wenn sie dieselben Begriffe enthalten, so daß das eine die Verneinung des anderen wird. Zwei Urteile stehen aber nicht nur dadurch in Widerspruch zueinander, sondern sie können auch ohne eine Verneinung in Widerspruch zueinander treten, dadurch daß sich aus ihren Begriffen ein Widerspruch ergibt. Das Urteil „a ist größer als b" und das Urteil „a ist kleiner als b" widersprechen sich infolge ihrer Begriffe, gemäß der Definition von größer und kleiner. Eine logische Beziehung kommt durch die Satzverknüpfungen erst dann zustande, wenn zwischen den Begriffen der verknüpften Urteile eine logische Beziehung besteht.

Auf den logischen Beziehungen zwischen den in den Urteilen enthaltenen Begriffen beruht auch das *Schließen*. Wie es im Syllogismus der traditionellen Logik dargestellt wird, beruht es darauf, daß der Subjektbegriff der einen Prämisse und der Prädikatsbegriff der anderen in logischer Beziehung zum Mittelbegriff und dadurch zueinander stehen. Damit gründet sich aber das syllogistische Schließen nur auf die Beziehung von Klasse und Element oder Unterklasse, es betrifft also nur Eigenschaftsbegriffe. Urteile, die Beziehungen enthalten, bleiben unberücksichtigt. Aber auch Beziehungen können die Grundlage für Schlüsse geben, wenn die Beziehungen transitiv sind (z. B. größer: $a > b$, $b > c$, also $a > c$), oder wenn sie symmetrisch sind (wie z. B. gleich). Transitivität und Symmetrie sind ebenso wie Asymmetrie und Reflexivität allgemeinste Eigenschaften von Beziehungen, oberste Ergebnisse der Ordnung von Beziehungen und darum haben sie logischen Charakter. In ihrer Berücksichtigung liegt die bedeutsame Ergänzung, welche die traditionelle Logik durch ihre Entwicklung im 20. Jahrhundert erfahren hat.

In ganz allgemeiner, umfassender Weise wird das Schließen in der logischen Implikation vollzogen. Die logische Implikation unterscheidet sich von der materialen dadurch, daß das Vorderglied und das Hinterglied nicht durch eine deskriptive Beziehung verbunden sind, sondern durch eine logische. Entsprechend dem Syllogismus kann das Vorderglied nicht aus bloß einem Urteil bestehen wie bei der materialen Implikation, sondern es müssen zwei Urteile sein, zwischen denen eine logische Beziehung besteht; durch diese wird das Hinterglied bestimmt. In dieser Weise können Schlußfolgerungen jeder Art vor sich gehen. In einer Implikation wird durch das Vorderglied eine Bedingung für die Gültigkeit des Hintergliedes aufgestellt. Damit dieses, der Schlußsatz, selbständig behauptet werden kann, muß erst selbständig festgestellt werden, daß die Bedingung erfüllt ist, daß der Vordersatz gilt. Deshalb wird der modus ponens der traditionellen Logik noch benötigt.

Der Schluß ist analytisch, der Schlußsatz folgt rein logisch aus dem Vorderglied. Aber dieses, das aus der Verbindung zweier Urteile besteht, ist nicht analytisch sondern synthetisch. Die Verbindung muß entweder frei gewählt werden oder sie muß empirisch aufgefunden werden. Um einen Beweis zu führen, muß man als Prämissen Urteile aufsuchen, welche in der für den Schluß erforderlichen logischen Beziehung stehen. In einem deduktiven System ist jedes dieser verbundenen Urteile analytisch, weil es selbst abgeleitet ist. Aber ihre Verbindung ist nicht deduktiv zu gewinnen, sondern durch eine Auswahl hergestellt, also nicht analytisch, sondern synthetisch. So besteht ein analytisches System nicht bloß aus analytischen Urteilen, sondern es enthält notwendig auch synthetische, im Vorderglied der logischen Implikationen. Das geht in letzter Linie darauf zurück, daß die Axiome eines deduktiven Systems voneinander unabhängig sein müssen; sonst lassen sich keine Folgerungen aus ihm ziehen, es ergäben sich bloß Tautologien. Aber die Logik besteht somit keineswegs in Tautologien, wie *Wittgenstein* behauptete. Eine Schlußfolgerung ist wohl analytisch in Bezug auf das Vorderglied, aber dieses ist nicht analytisch. Schließen setzt Synthese voraus. Darauf beruht seine Fruchtbarkeit[21].

3. Die Grundlagen der Logik

Weil die Logik in allgemeinen, formalen Beziehungen von Begriffen und von Urteilen besteht, sind ihre Grundlage vorgegebene Begriffe und Urteile, also schon hergestellte Ordnung. Zwischen den Begriffen und den Urteilen werden allgemeine Beziehungen ersichtlich, die selbständig formuliert werden. Es findet eine neue Begriffsbildung statt, nicht auf Grund von neuen Erlebnisinhalten, sondern bloß auf Grund der vorhandenen Ordnung. Es ist eine Begriffsbildung zweiter Stufe. Die Be-

---

[21] Siehe dazu *V. Kraft*, Kann die Deduktion Neues ergeben? (Atti del XII Congresso Internationale di Filosofia Venezia 1958, Vol. V) 1960.

3. Die Grundlagen der Logik

griffe und die Urteile werden wieder geordnet. Maßgebend dafür sind nur die Normen des Ordnungsverfahrens, Identität und Widerspruchslosigkeit. Darum sind diese als Grundsätze der Logik angesehen worden. Eine andere Begründung der Logik ist nicht möglich, ohne die Logik selbst schon vorauszusetzen. Wenn man die Logik nur durch Festsetzung von Grundbegriffen und Regeln nach Art eines Kalküls aufbauen wollte, müßte das willkürlich geschehen und man könnte beliebige Systeme als Logik aufstellen.

Man kann die Logik nicht auf Gesetze der Wirklichkeit gründen, weder der Natur noch des Denkens. Dann wäre sie eine empirische Erkenntnis und als solche durch neue Erfahrungen korrigierbar. Dabei müßte sie sich selbst voraussetzen, weil dazu logisches Schließen notwendig ist. Wenn durch die Erfahrungswissenschaft, so durch die Quantentheorie, eine mehrwertige Logik angeregt wird[22], dann geht dies so vor sich, daß ein neuer Wahrheitswert, ein dritter, eingeführt wird, „unbestimmt", statt der Dichotomie von wahr und falsch.. Dadurch wird die Funktion der Logischen Konstanten verändert. So ergibt die doppelte Verneinung nicht die Bejahung des Verneinten, sondern sie läßt eine zweite Möglichkeit offen, die Unbestimmtheit. Durch die Einführung des neuen Begriffes ergeben sich neue gedankliche Beziehungen. Auch die Logik der mehrfachen Wahrheitswerte bleibt ein rein gedankliches System, das gemäß den Normen der Ordnung aufgebaut wird und nicht auf Grund von Wahrnehmung. Die Logik steht nur dadurch zur empirischen Wirklichkeit in Beziehung, daß sie auf Begriffe und Urteile *angewendet* wird, welche die Wirklichkeit betreffen.

Aber die Wahrheit gehört nicht mit zur Logik; sie ist eine selbständige Beziehung[23]. Sie darf nicht in die Logik einbezogen werden und nicht zu ihrer Begründung verwendet werden, wie es geschieht, wenn die logischen Konstanten durch Bedingungen für die Wahrheit der durch sie hergestellten Urteilsverknüpfungen definiert werden; oder wenn die Schlußfolgerung als diejenige Beziehung von Urteilen gekennzeichnet wird, bei der die Wahrheit erhalten bleibt. Damit wird aber die Folgerung viel zu eng gefaßt. Denn sie gilt nicht bloß für wahre Urteile, sondern für alle Urteile, die in den angegebenen Beziehungen stehen, auch für falsche, auch für irreale. In der Implikation wird die Unabhängigkeit von der

---

[22] So *Reichenbach*. Philosophische Grundlagen der Quantenmechanik, 1949, u. a. Dazu *Juhos, B.* Die erkenntnislogischen Grundlagen der modernen Physik. 1967. S. 229 f.
[23] Zur Wahrheit siehe VIII. 5., S. 84 f.

Wahrheit ganz deutlich, weil hier die Prämissen gar nicht selbständig behauptet werden, sondern nur bedingt. Z. B. wenn alle Krankheiten die Wirkung böser Geister wären und wenn böse Geister durch Magie am Wirken verhindert werden könnten, dann könnten Krankheiten durch Magie verhindert werden. Es ist nicht so, daß nur diejenige Beziehung eine Schlußfolgerung ist, bei der die Wahrheit erhalten bleibt, sondern der Wahrheitswert bleibt erhalten, weil die Folgerungsbeziehung gemäß den Normen der Ordnung besteht. Diese bilden die Grundlage. Die Erhaltung des Wahrheitswertes ist sekundär. Wenn der logische Charakter mit Hilfe der Wahrheit definiert werden soll, dann wird Wahrheit als ein undefinierter Grundbegriff vorausgesetzt. Aber die Wahrheit ist nicht primär; sie ist erst ein Ergebnis der normgemäßen Ordnung. Ein Urteil ist logisch wahr, weil gemäß dieser logische Beziehungen zwischen seinen Begriffen bestehen. Es ist also nicht angemessen, „daß die Kennzeichnung der logisch wahren Sätze in den heutigen Darstellungen des Aussagenkalküls mit Hilfe des Begriffes der Wahrheitswerte erfolgt. Danach ist ein Satz logisch wahr, wenn er in allen möglichen Fällen den Wahrheitswert ‚wahr' annimmt. Gezeigt wird dies letzten Endes mit Hilfe der Tabelle der Wahrheitswerte (oder ähnlicher Verfahren)"[24]. Was aber mit der Charakterisierung als „wahr" gezeigt wird, bleibt dabei gänzlich unbestimmt.

Die Gültigkeit der Logik beruht allein darauf, daß sie gemäß den Normen der Ordnung konstituiert ist. Darin besteht die „logische Wahrheit". Daß die Normen der Ordnung genau beobachtet sind, wird durch unmittelbare Einsicht erkannt. Bei der Anwendung der Logik auf bestimmte Begriffe und Urteile ist dies nicht immer sogleich der Fall. Urteilskomplexe, Schlußketten erfordern erst eine Zergliederung in einfache Bestandteile, deren Beziehungen unmittelbar überschaubar sind. Darin liegt der große Vorteil der symbolischen Darstellung, daß sich in den Zusammenstellungen der anschaulichen Zeichen die Beziehungen ohne weiteres zeigen. Durch die unmittelbare Einsicht in die Normgemäßheit ihrer Bildung ergibt sich die Gewißheit, daß die Urteile der Logik invariant sind. Als bloße normgemäße Ordnung hat die Logik eine unbedingte und zweifellose Gültigkeit.

---

[24] *B. Juhos*, Elemente der neuen Logik, 1954, S. 35.

4. Logik und Mathematik

Wie die Logik ist auch die Mathematik analytisch. Ihre Sätze werden deduktiv aus Axiomen oder den Definitionen von Grundbegriffen[25] abgeleitet. Deshalb hat man Logik und Mathematik zu einer Einheit zusammenzufassen gesucht, einmal indem man wie *Frege* und *Russell* und *Whitehead* die Mathematik auf die Logik zurückzuführen unternommen hat, oder indem man wie *Brouwer* und *Heyting* die Logik der Mathematik eingeordnet hat, derart, „daß die Logik zu den Anwendungen der Mathematik gehört"[26]. Aber die Mathematik läßt sich nicht vollständig auf die Logik zurückzuführen, jedenfalls setzt sie noch das Unendlichkeits- und das Auswahl-Axiom voraus und die Geometrie setzt eigene Grundbegriffe voraus, mindestens die der Beziehungen, durch welche die Grundbegriffe eines geometrischen Systems definiert werden. Wenn andererseits die Logik in die Mathematik eingeordnet werden soll, dann kann die Mathematik für ihren Aufbau natürlich die Logik nicht voraussetzen; sie kann deshalb keine logischen Schlüsse ziehen. Sie muß eigene Regeln für Operationen und Grundbegriffe von beliebigen Gegenständen und von Beziehungen aufstellen nach Art eines Kalküls, durch Festsetzung oder durch Intuition. Jedenfalls müssen dabei die Normen der Ordnung, die Forderungen der Identität und der Widerspruchslosigkeit zugrundegelegt werden. Es kann so eine formale Theorie der Ordnung beliebiger Gegenstände aufgebaut werden, welche die speziellen Gebiete der Mathematik und die Logik enthält. Damit ist aber die Mathematik zu einer allgemeinen Ordnungslehre ausgeweitet. Es ist nicht mehr die Mathematik in ihrer historischen Gestalt.

VI. Die Erfahrung

Der englische Empirismus von *Bacon* bis J. St. *Milly* und *Russell* hat die These vertreten, daß alle Erkenntnis aus Erfahrung hervorgeht, aus „äußerer" und „innerer" Erfahrung und unter „Erfahrung" hat er vor allem Sinneseindrücke verstanden. Dem hat *Leibniz* und vor allem *Kant* entgegengehalten, daß die Erfahrung bereits etwas Komplexes ist;

---

[25] Vgl. G. Frey, Inwiefern sind die mathematischen Sätze analytisch? In: Deskription, Analytizität und Existenz, 1966, S. 275.

[26] A. Heyting, Mathematische Grundlagenforschung, Intuitionismus, Beweistheorie, 1934, S. 13 und 14.

außer dem Sinnlichen enthält sie noch „rationale" Komponenten. Daß *Kant* diese in a priori gegebenen „Anschauungsformen" und „Verstandesbegriffen" gesehen hat, war allerdings ein Rückgriff auf angeborene Vorstellungen, die „im Gemüte bereitliegen". Aber es steht außer Zweifel, daß die Erkenntnis, auch nur die Erfahrungserkenntnis, aus dem sinnlich Gegebenen allein, wie es der Sensualismus, noch *Russells* und *Machs* möchte, nicht konstituiert werden kann. Das ergibt sich klar aus einer eingehenden Analyse dessen, was unter Erfahrung, unter Wahrnehmung, unter empirischen Gegenständen verstanden wird.

1. Wahrnehmung, Sinnesdaten

Daß Wahrnehmung, oder wie man gerne sagt Beobachtung, eine unentbehrliche Grundlage für die Wirklichkeits-Erkenntnis bildet, ist zweifellos und bedarf keiner Ausführungen. Aber was unter Wahrnehmung zu verstehen ist, erfordert eine genaue Analyse. Man kann bei dieser natürlich nicht davon ausgehen, daß die Wahrnehmung physikalisch verursacht wird und physiologisch bedingt ist, weil dazu schon körperliche Gegenstände vorausgesetzt werden müssen. Was bei einer Wahrnehmung tatsächlich vorliegt, sind Sinneseindrücke, aber außerdem ein Wissen von ihren Zusammenhängen. Wahrnehmungen dürfen nicht einfach mit Sinneseindrücken gleichgesetzt werden. Was wir wahrnehmen, sind nicht bloße „Empfindungselemente", Farben, Drücke, Wärme, wie *Mach* es dargestellt hat, sondern Häuser, Bäume, Menschen, also körperliche Gegenstände. Auch von Erkenntnistheoretikern werden als Beobachtungsbegriffe „Eisen"[27] und ein „Quecksilberthermometer"[28] genannt. Wahrnehmungen enthalten demnach weit mehr als bloße Sinneseindrücke.

Man muß auch zwischen Beobachtetem und Beobachtbarem, zwischen tatsächlicher und möglicher Wahrnehmung unterscheiden. Die Vorderseite eines Kastens wird wahrgenommen, die Hinterseite an der Mauer nicht, aber sie ist wahrnehmbar. Wenn man das herausschält, was in einer Wahrnehmung als Sinnesdatum vorliegt, dann ist es ein buntes Bild aus farbigen Flecken, eventuell zugleich ein Geräusch oder ein Geruch oder ein empfundener Widerstand. Daß ich damit aber z. B. einen Tisch in einem Zimmer und auf dem Tisch Früchte in einer Schüssel

---

[27] R. *Carnap*, The Interpretation of Physics, 1939 (Readings in the Philosophy of Science, ed. by *H. Feigl* & *M. Brodbeck*, S. 315).

[28] C. G. *Hempel*, The Theoretician's Dilemma, 1957 (Minnesota Studies in the Philosophy of Science, II, S. 69 und 61).

wahrnehme, beruht auf einem Wissen, das zu dem sinnlich Gegebenen hinzukommt. Ich weiß, daß ich einen Widerstand empfinde, wenn ich das Gesehene berühre; ich weiß, daß bestimmte Geschmacks- und Geruchs- und Tastempfindungen auftreten, wenn ich die gesehenen Früchte in den Mund nehme. Diese Beziehungen kenne ich aus früheren Erlebnissen. Dadurch, daß sich mit einem gegenwärtigen Sinneseindruck ein solches Wissen verbindet, dadurch daß er als in einem solchen Zusammenhang stehend wiedererkannt wird, weiß man, welche anderen Sinneseindrücke man zu erwarten hat, wenn ein bestimmter Sinneseindruck vorliegt. Dieses Wissen ist im Einzelnen in der Regel nicht aktuell vorhanden, sondern wirkt latent mit zum Wiedererkennen. Das ist eine Sache der Psychologie. Auf diese Weise wird ein Sinneseindruck erst zu einer Wahrnehmung eines körperlichen Gegenstandes. Dadurch daß die Sinneseindrücke, die mit einem vorliegenden zusammenhängen sollten, *nicht* eintreten, unterscheidet sich ein *gemaltes* Stilleben von einem *wirklichen* Tisch mit Früchten.

Dieser wahrgenommene Gegenstand besteht aber nur in einem Komplex von tatsächlichen und möglichen Sinneseindrücken. Er ist darum nur vorhanden, wenn der betreffende Sinneseindruck da ist und er verschwindet mit diesem. Er hat kein dauerndes Dasein darüber hinaus. Weil die Sinneseindrücke bei verschiedenen Personen verschieden sind oder sein können, ist auch der wahrgenommene Gegenstand nicht für alle gleich. Der Rot-grün-blinde sieht ihn anders gefärbt als der Normalsichtige. Aber auch der Kurz- und Schwachsichtige sieht die Gegenstände anders. Der wahrgenommene Gegenstand ist subjektiv bestimmt in diesem Sinn. Es ist der rein *phänomenale* Gegenstand, der so beschaffen ist. Er stellt das dar, was der naive Realismus als Gegenstand betrachtet — aber doch nicht ganz. Denn dieser geht darin nicht auf.

2. Die objektive Körperwelt

Aber die Gegenstände, welche die Körperwelt aufbauen, erschöpfen sich nicht in tatsächlichen und möglichen Sinneseindrücken. Ein Radioapparat z. B. stellt weit mehr dar als daß man weiß, man könnte nach bestimmten Bewegungen seine Hinterseite und seine Unterseite sehen, die unsichtbar sind, und man könnte, wenn man ihn aufmachte, Gesichts- und Tasteindrücke von Röhren und Spulen und Drähten erhalten. Man ist vielmehr überzeugt, daß die Hinter- und die Unterseite vorhanden sind, obwohl man sie nicht sieht, und ebenso die Gegenstände in seinem Innern und daß in diesen Vorgänge ablaufen, die nicht wahrzunehmen sind. Die vielfachen Wahrnehmungen werden auf einen *objektiven* körperlichen Gegenstand bezogen. Er ist anders als der phänomenale Gegenstand[29]. Vor allem ist er ein Individuum, nicht ein Komplex von Sinneseindrücken. Nach der Atomtheorie ist ein Körper allerdings nicht *ein* Individuum, sondern er besteht aus einer Unzahl von Individuen, den Elementarteilchen, welche Atome und Moleküle bilden. Aber diese sind einheitlich in einem Teil des Raumes eingeschlossen, in einer objektiven Gestalt. Diese stellt dann das Individuum dar. Sie ist eine identische gegenüber den verschiedenen perspektivischen Ansichten. Sie hat eine bestimmte Größe, während sein Gesichtsbild je nach der Entfernung verschieden groß ist. Ein sich entfernendes Auto schrumpft sichtbar zusammen, ein herankommendes wird immer größer. Das körperliche Individuum hat bestimmte Eigenschaften, fest oder flüssig, schwer, elastisch, eine bestimmte Temperatur u. a. Diese Eigenschaften sind nicht mit den Sinneseindrücken identisch, in denen sie in Erscheinung treten. Die Temperatur ist etwas anderes als die Kälteempfindung; die Festigkeit ist eine selbständige einheitliche Eigenschaft gegenüber ihrer Wahrnehmung im empfundenen Widerstand gegen die eigene Bewegung oder im gesehenen Widerstand bei der Berührung mit anderen Gegenständen.

Die Wahrnehmungen eines körperlichen Gegenstandes sind subjektiv d. h. sie hängen von dem Wahrnehmenden ab, von seinen Sinneseindrücken und von seinem Wissen von Gegenständen. Darum sind die Wahrnehmungen je nach den wahrnehmenden Personen verschieden. Der identische Gegenstand ist hingegen objektiv, d. h. er ist für sich selbst bestimmt: er ist ein und derselbe für alle, die ihn wahrnehmen. Der objektive Gegenstand besteht nicht in tatsächlichen und möglichen Wahrnehmungen, sondern er ist etwas das selbständig vorhanden ist. Die Wahrnehmungen treten auf und verändern sich und verschwinden und kehren wieder; der objektive Gegenstand ist dauernd vorhanden, auch dann, wenn er nicht wahrgenommen wird.

Aus all dem, der Einzigkeit des körperlichen Gegenstandes als Individuum gegenüber der Vielheit der Wahrnehmungen von ihm, seiner objektiven Bestimmtheit gegenüber deren subjektiver Variation, seiner Dauer gegenüber deren Wechsel geht mit aller Klarheit hervor, daß der objektive körperliche Gegenstand nicht nur von einem Komplex von Sinneseindrücken, sondern auch von einem Zusammenhang von tatsächlichen und möglichen Wahrnehmungen wesenhaft verschieden ist. In ihm

---

[29] Siehe *V. Kraft*, Erkenntnislehre, V. 1. 2.

ist eine grundsätzlich neue Wesenheit konzipiert. Es ist etwas konstruiert, das nie selbst vorliegt und auch nicht vorliegen kann. Denn es ist ja von dem, was in der Wahrnehmung tatsächlich vorliegt, verschieden. Es ist eine *gedankliche Neuschöpfung*. In ihr wird den Sinneseindrücken und ihren Beziehungen untereinander etwas ganz anderes hinzugefügt. Wie eine Konstruktion gebildet wird und wodurch sie ihre Gültigkeit erhält, wird erst dargelegt werden, wenn ihre Rolle in der Erkenntnisbildung im Einzelnen zur Sprache kommt. (VII., S. 46 f.)

a) Raum, Zeit, Gesetzmäßigkeit, Zahl[30]

Die objektiven körperlichen Gegenstände stehen in objektiven Beziehungen zueinander; sie sind im Neben-einander und im Nach-einander angeordnet und es bestehen naturgesetzliche Beziehungen zwischen ihnen. Räumliche Ausgedehntheit ist sinnlich gegeben in den Gesichts- und Tast- und kinästhetischen Empfindungen. Diese bieten aber immer nur Ausdehnung von beschränktem Ausmaß, ebenso die Raumwahrnehmungen nur immer wechselnde Raumausschnitte. Was an räumlichen Daten sinnlich gegeben wird, ist subjektiv. Die Gestalten, die gesehen werden, sind perspektivisch verzerrt und mit der Entfernung verkleinert; Abstände, die durch eigene Bewegung wahrgenommen werden, durch Betasten oder durch Abschreiten, hängen von der Größe des Wahrnehmenden ab. Für Kinder sind sie größer als für Erwachsene. Diese räumlichen Daten werden durch Messung objektiv bestimmt und über die Subjektivität hinausgehoben. Auf der Grundlage dieser objektiven räumlichen Bestimmungen wird ein einheitliches, alles Ausgedehnte umfassendes System konstruiert, der objektive *Raum* oder vielmehr eine Mehrheit möglicher Räume.

Die Erlebnisgrundlage der Zeit bildet nicht nur der Wechsel der Sinneseindrücke, sondern der Erlebnisse überhaupt, der sich beständig in unmittelbarer Gegenwart vollzieht, die wahrgenommene Veränderung, und die wahrgenommene Dauer, indem einiges gleichbleibt, während anderes wechselt. Dazu kommt die Erinnerung und die Erwartung, die beide gleichfalls unmittelbar erlebt werden, aber Nicht-gegenwärtiges beinhalten. Auf diese Weise wird die Beziehung des Nacheinander, des früher-und-später unmittelbar gegeben. Das Nacheinander wird durch die Erinnerung nach rückwärts erstreckt und durch die Erwartung nach vorwärts; und durch die Zugehörigkeit zum selben Vorher oder Nachher

---

[30] Siehe *V. Kraft*, Erkenntnislehre, S. 302 f.

kommt die Gleichzeitigkeit zustande. Die Subjektivität und Unsicherheit des erinnerten Nacheinander wird ebenfalls durch Messung überwunden. Diese erfolgt durch gleichmäßige periodische Vorgänge. Als solche dienen der Sonnentag mit seiner Unterteilung und seiner Multiplikation zum Jahr und immer genauere Uhren verschiedener Art. Dadurch kann der Zeitpunkt eines Ereignisses und der zeitliche Abstand zweier Ereignisse und die Aufeinanderfolge aller Ereignisse eindeutig festgelegt werden und damit auch die (relative) Gleichzeitigkeit der Ereignisse, die demselben Zeitpunkt zugeordnet sind. Auf diese Weise wird eine einheitliche, alles umfassende Anordnung im Nacheinander konstruiert, die objektive Zeit. Raum und Zeit sind *Konstruktionen*, es sind gedankliche Schöpfungen, die aus dem sinnlich Gegebenen etwas Neues gestalten. Das zeigt sich in der Vielheit der geometrischen Räume und in der Verknüpfung von Raum und Zeit zu einem vierdimensionalen System mit aller Deutlichkeit.

Die Wahrnehmungen weisen regelmäßige Beziehungen zueinander auf, aber die Regelmäßigkeit ist nicht lückenlos; es können Ausnahmen eintreten. Nach einem Druck auf einen Taster ertönt gewöhnlich eine Glocke, aber das Signal kann einmal auch ausbleiben. Die erlebte unvollständige Regelmäßigkeit wird zu einer ausnahmslosen idealisiert, es wird der Begriff einer strengen Gesetzmäßigkeit gebildet. Auch diese ist eine gedankliche Neuschöpfung. Strenge Gesetzmäßigkeit läßt sich zwischen den Wahrnehmungen nicht feststellen; sie kann nur dadurch hergestellt werden, daß das Wahrgenommene ergänzt wird durch Unwahrgenommenes, mit Hilfe der objektiven Gegenstände und Vorgänge. Nur zwischen diesen bestehen strenge Naturgesetze, Kausalgesetze und Wahrscheinlichkeitsgesetze. So wird eine objektive Körperwelt aufgebaut, die ihre selbständige Existenz neben den subjektiven Wahrnehmungserlebnissen hat und ihr eigenes Geschehen gegenüber diesen. Sie kommt dadurch zustande, daß auf Grund des sinnlich Gegebenen neue Wesenheiten, die objektiven Gegenstände und deren Beziehungen, konzipiert werden.

Die körperliche Welt erhält ihre objektive Bestimmtheit vor allem dadurch, daß sie quantitativ, durch Messung bestimmt wird. Die Zahlen, mit denen dies geschieht, sind ebenfalls gedankliche Neuschöpfungen. Es können wohl Mehrheiten durch Wahrnehmung gegeben und mit einander verglichen werden und so Klassen von gleichzahligen Mengen gebildet werden, d. i. von Mengen, deren Glieder sich paarweise ohne Rest einander zuordnen lassen. Aber so ergibt sich nur eine sehr beschränkte Anzahl von Mengenklassen, von empirisch gebildeten Zahlen, wie das Paar, das Dutzend. Diese sind gänzlich unzureichend. Die fortlaufende unendliche Reihe der Zahlen, deren die Messung bedarf, wird durch ein Bildungsgesetz konstruiert. Sie geht über das sinnlich Gegebene weit hinaus, und nicht erst in den irrationalen und den imaginären Zahlen.

b) Die Bestimmung der objektiven Körperwelt durch die Physik

Die Einführung fremder Erlebnisse ist grundsätzlich einfacher und leichter durchführbar als die Konstruktion einer objektiven Körperwelt. Denn wenn ich auch fremde Erlebnisse nicht direkt wahrnehmen kann, so sind sie doch etwas von derselben allgemeinen Art wie meine eigenen Erlebnisse. Hinsichtlich der körperlichen Welt liegt die Sache ganz anders. Weil sie neben den Erlebnissen, außerhalb dieser existiert, muß sie eine Beschaffenheit haben, die von der Wahrnehmung unabhängig ist. Vom naiven Realismus werden die körperlichen Gegenstände mit Beschaffenheiten ausgestattet, die aus den wahrgenommenen ausgewählt sind, mit Farben, Gerüchten, Geschmäcken, Geräuschen, Widerstand. Nachdem aber (schon von *Demokrit*) die Subjektivität der Sinnesqualitäten erkannt worden ist[31], wäre es widerspruchsvoll, sie Gegenständen zuzuschreiben, die auch existieren, ohne daß sie wahrgenommen werden. Deshalb wird die Bestimmung der körperlichen Welt in selbständiger Weise durch die physikalisch-chemischen Theorien unternommen. Diese sind aber in stetiger Wandlung begriffen und stehen nicht endgültig fest.

Bis zur Jahrhundertwende hat die Physik auf die Frage nach der Beschaffenheit der erlebnisjenseitigen Körperwelt eine klare Antwort gegeben. Als Materie besteht sie aus kleinsten Teilchen, die unteilbar und unveränderlich sind, den Atomen; als Licht und Elektrizität und Magnetismus besteht sie in Wellen des Äthers, eines besonderen Stoffes. Damit setzt sich die körperliche Welt aus zwei heterogenen Komponenten zusammen. Beide sind mit einander unvereinbar. Die Atome sind diskrete Individuen an einem bestimmten Ort mit einer bestimmten Bewegungsgröße; Wellen sind kontinuierliche Vorgänge, die sich in einem räumlichen Bereich ausbreiten.

In unserem Jahrhundert hat diese Konstruktion tiefgreifende, ja geradezu umstürzende Veränderungen erfahren. Die Atome sind in noch kleinere Elemente aufgelöst worden. Die Elementarteilchen sind immer

---

[31] Vgl. zu Sinnesdaten und Erinnerung und Fremdseelischem *A. Ayer*, The Foundations of Knowledge. 1956.

mehr vermehrt worden, bis zu einer symmetrischen Entsprechung von Materie und „Antimaterie". Die Atome haben auch ihre Unveränderlichkeit verloren, sie können ineinander umgewandelt werden. Der Äther mußte als das Medium der Wellen aufgegeben werden. Vor allem aber ist der Dualismus von Korpuskeln und Wellen erweitert und verstärkt worden; er besteht auch innerhalb einer jeden der beiden Komponenten. Die Korpuskeln weisen unter bestimmten Bedingungen den Charakter von Wellen auf, weil Beugungs- und Interferenzerscheinungen auftreten. Das Licht, die elektromagnetischen Vorgänge hinwider zeigen unter bestimmten Versuchsbedingungen diskontinuierlichen Charakter; es können nur diskontinuierliche Größen, Quanten, von Energie absorbiert und emittiert werden; sie zeigen den Charakter von Partikeln. Infolge dessen können die Elementarteilchen nicht mehr eindeutig als Individuen und das Licht nicht mehr ausschließlich als kontinuierliche Wellenvorgänge betrachtet werden. Den Dualismus von Partikel und Welle durch eine einheitliche Konstruktion zu überwinden, ist bisher nicht gelungen. Der modernen Physik ist nichts anderes übriggeblieben als die beiden unvereinbaren Beschaffenheiten als komplementäre aufzufassen[32].

In der klassischen Physik war die Voraussetzung maßgebend, daß ebenso wie für einen Makrokörper auch für ein Atom Ort und Bewegungsgröße zu einem bestimmten Zeitpunkt innerhalb der Grenzen der Genauigkeit genau bestimmt werden können und daß daraus nach Naturgesetzen beide Größen für einen beliebigen Zeitpunkt berechnet werden können. In der Quanten-Physik hat diese Möglichkeit aufgegeben werden müssen. Ort und Bewegungsgröße eines Elementarteilchens können nicht beide zugleich mit beliebiger Genauigkeit bestimmt werden, einerseits weil wegen der Doppelnatur der Elementarbestandteile anstelle eines lokalisierbaren Individuums eine sich ausbreitende Welle auftritt, andererseits weil das Messungsmittel (ein Lichtstrahl) und das zu bestimmende Objekt von derselben Größenordnung sind, weshalb das Objekt durch die Messung in nicht mehr bestimmbarer Weise gestört wird. Weil sich somit die Bahn eines Elementarteilchens nicht hinreichend genau, sondern nur in den Grenzen der Unschärfebeziehungen bestimmen läßt, kann auch nicht der Ort oder die Geschwindigkeit oder die Energie eines Elementarteilchens genau vorausberechnet werden, sondern es kann nur eine statistische Wahrscheinlichkeit dafür angegeben werden. Infolge dieser einschneidend veränderten Sachlage ist es unklar, ja zweifelhaft

---

[32] Dazu *B. Juros*, Schlüsselbegriffe physikalischer Theorien. (Studium Generale. 20. 1967).

geworden, wie und ob eine objektive Wirklichkeit bestimmt werden kann. Die Konstruktion einer objektiven Körperwelt ist ins Wanken gekommen und problematisch geworden.

Die führenden Theoretiker der Physik fassen diese Sachlage in verschiedener Weise auf und sprechen sich nicht mit voller Klarheit darüber aus. *Einstein* und *Laue* haben noch den Grundgedanken der klassischen Physik festzuhalten gesucht, daß durch sie eine objektive, an sich vorhandene Wirklichkeit zu erkennen ist. Weil die Quanten-Theorie nur eine statistische Wahrscheinlichkeit der atomaren Vorgänge gibt, ermöglicht sie „keine Beschreibung von dem, was tatsächlich geschieht, unabhängig von oder zwischen unseren Beobachtungen. Aber irgend etwas muß doch geschehen... Dieses Irgendetwas kann vielleicht in den Begriffen Elektronen oder Wellen oder Lichtquanten beschrieben werden, aber sofern es nicht irgendwie beschrieben wird, ist die Aufgabe der Physik noch nicht erfüllt"[33].

Dieser Gesichtspunkt wird heute von der Mehrzahl der Physiker aufgegeben. Mit den Begriffen der klassischen Physik können die atomaren Vorgänge nur unvollständig beschrieben werden. Mit ihrer Verwendung hat sich unter den Physikern eine Sprechweise eingebürgert, „die klassischen Begriffe in einer etwas ungenauen Art zu gebrauchen, die zu den Unbestimmtheitsrelationen paßt, abwechselnd verschiedene klassische Begriffe zu verwenden, die zu Widersprüchen führen würden, wenn man sie gleichzeitig anwenden wollte. So spricht man etwa über Elektronenbahnen, über Materiewellen und Ladungsdichte, über Energie und Impuls usw., bleibt sich dabei aber immer der Tatsache bewußt, daß diese Begriffe nur einen sehr begrenzten Anwendungsbereich besitzen. Sobald dieser vage und unsystematische Gebrauch der Sprache zu Schwierigkeiten führt, muß sich der Physiker in das mathematische Schema zurückziehen und dessen eindeutige Verknüpfung mit den experimentellen Tatsachen benützen"[34]. *Bohr* und *Heisenberg* betrachten die Beschreibung atomarer Vorgänge einerseits durch den Begriff der Partikel, andererseits durch den der Welle als Bilder. „Jede dieser Beschreibungen kann nur teilweise richtig sein", nur innerhalb von Grenzen, die durch die Unschärfebeziehungen gegeben werden[35]. Das involviert, daß die atomaren Gegenstände aus einem diskontinuierlichen in einen kontinuierlichen Zustand wechseln und umgekehrt. Wieso das geschieht, bleibt ungeklärt.

---

[33] W. *Heisenberg*, Physik und Philosophie, 1959, S. 117.
[34] W. *Heisenberg*, Physik und Philosophie, S. 150.
[35] *Heisenberg*, a.a.O., S. 27.

VI. Die Erfahrung

Heisenberg möchte, statt wie *Bohr* Partikel und Welle als koexistierende Zustände zu betrachten, überhaupt nicht von tatsächlichen Zuständen sondern von Möglichkeiten sprechen[36]. Um diese Schwierigkeiten einer „materialistischen Ontologie" zu vermeiden, muß man sich auf die Beschreibung der experimentellen Tatsachen, die mit den klassischen Begriffen möglich ist, und auf den mathematischen Formalismus beschränken[37]. So gelangt man zu einer folgenschweren Resignation: In den Experimenten über die Atomvorgänge haben wir es mit Tatsachen, mit wirklichen Dingen zu tun. „Aber die Atome oder die Elementarteilchen sind nicht ebenso wirklich. Sie bilden eher eine Welt von Tendenzen oder Möglichkeiten als eine von Dingen und Tatsachen[38]." Noch klarer wird es von *Bohr* ausgesprochen, „daß die physikalische Interpretation des symbolischen quantenmechanischen Formalismus nur Voraussagen deterministischen oder statistischen Charakters betreffend das Auftreten individueller Phänomene unter Bedingungen umfaßt, die durch klassische physikalische Begriffe definiert sind"[39]. Und unter „Phänomenen" sind nur experimentelle Beobachtungen zu verstehen[39]. Die atomare Welt entzieht sich damit überhaupt einer Bestimmung; sie wird unerkennbar.

Das hat mit voller Klarheit *Weizsäcker* ausgesprochen. Teilchen und Welle sind nur Bilder; man kann sie nicht als Eigenschaften der atomaren Realität betrachten. „Der Widerspruch zwischen Partikel und Welle besteht nicht zwischen den [in den Experimenten] tatsächlich beobachteten Erscheinungen; „Teilchen- und Wellenbild widersprechen einander dann, wenn man die beobachteten Erscheinungen als Eigenschaften an sich seiender Teilchen oder Wellen deutet. Der Widerspruch verschwindet, wenn man die anschaulichen Begriffe von Teilchen und Wellen konsequent nur auf Erscheinungen anwendet." „Indem wir aber so den Begriff eines ‚Atoms an sich' bilden, zerrinnt er uns bereits wieder unter den Händen. Über das Atom an sich weiß die Physik überhaupt nichts durch Erfahrung[39a]." „Der Begriff des Atoms an sich hat nun nur die negative Bedeutung, zu zeigen, welche Art von Begriffen man in die Physik nicht einführen soll." Die moderne Physik „muß auf die dingliche Objektivität der Natur verzichten"[39b]. Die Gegenargumente „be-

---

[36] a.a.O., S. 155 und 156.
[37] a.a.O., S. 156.
[38] ebd.
[39] N. *Bohr*, Atomphysik und menschliche Erkenntnis, 1958, S. 64.
[39a] F. v. *Weizsäcker*, Zum Weltbild der Physik, 1943, S. 79.
[39b] F. v. *Weizsäcker*, a.a.O., S. 49.

ruhen auf einem metaphysisch gearteten Glauben an die Existenz einer schlechthin objektiven Außenwelt"[39c]. Die moderne Physik „muß auf die dingliche Objektivität der Natur verzichten". „Uns bleibt nach dem Verzicht auf das mechanische Modell ... [nur] die abstrakte Mathematik der ψ-Funktion[39c]." Durch sie werden die physikalischen Erscheinungen nur symbolisch dargestellt und sie kann nur zur Berechnung von Voraussagen experimenteller Beobachtungen verwendet werden. Es ist somit problematisch, ob die Physik imstande ist, eine objektive Körperwelt zu erkennen (Siehe ferner S. 56 f.)

3. Fremde Erlebnisse. Dualismus

Aber was ursprünglich gegeben ist, was tatsächlich vorliegt, sind nur *meine* Erlebnisse. Das heißt, es sind Glieder einer kontinuierlichen Ereignisreihe, die ein Ich-Bewußtsein mit sich führt. Diese meine Erlebnisse werden ergänzt durch eine weitere Konstruktion: von Erlebnissen anderer[40]. Der Primitive faßt die Vorgänge in seiner Welt nach der Art seiner eigenen Erlebnisse auf, animistisch; er legt den Gegenständen ebenfalls Erlebnisse bei. Dann reduziert sich das auf bestimmte Arten von Gegenständen. Unter den Gegenständen, die ich wahrnehme, sind auch solche, die meinem Leib gleichen und sich in ähnlicher Weise verhalten, Mitmenschen und auch andere Lebewesen. Deshalb nehme ich von diesen an, schließlich auf Grund einer festgestellten Korrelation zwischen Vorgängen des Leibes und gewissen anderen („seelischen") Ereignissen, daß eine solche Korrelation auch bei anderen Leibern besteht. Ich verbinde mit den wahrgenommenen fremden Leibern ähnliche Ereignisse wie die meinen, die mir aber nicht unmittelbar vorliegen. Es werden damit Annahmen gemacht, die über das mir Vorliegende weit hinausgehen. Denn was ich wahrnehmen kann, sind nur Vorgänge an fremden Leibern; daß damit fremde Erlebnisse verbunden sind, ist eine gedankliche Ergänzung. Mit fremden Erlebnissen wird ebenso die Existenz von Unwahrgenommenem eingeführt wie mit den körperlichen Gegenständen.

Diese Ergänzung ist von nicht geringerer Bedeutung als die Konstruktion einer objektiven Körperwelt. Indem ich das, was ich an fremden Leibern wahrnehme, durch fremde Erlebnisse ergänze, kann ich das Ver-

---

[39c] a.a.O., S. 64.
[40] Siehe *V. Kraft*, Erkenntnislehre, V. 3.

halten der Mitmenschen, wenigstens teilweise, verstehen und voraussehen, was ich von ihnen zu erwarten habe. Ich kann wahrgenommene Äußerungen von Mitmenschen als Mitteilungen auffassen, durch die wieder meine Annahme fremder Erlebnisse bestätigt wird. Durch diese Konstruktion wird ein ganz neuer Bereich geschaffen, der des sozialen Lebens. Das wichtigste Hilfsmittel dafür gibt ihm die Sprache. Durch die Einführung des Fremdseelischen erhält die Kooperation im sozialen Leben ihre Grundlage, dadurch werden erst Recht und Moral möglich. Würde jemand die Leiber, die er wahrnimmt, nicht als beseelt, sondern als bloße Körper betrachten, dann würde er keine Rücksicht auf sie zu nehmen brauchen und sie als bloße Mittel behandeln, er würde keine Gefühle an sie verschwenden und keine Gefühle von ihnen erwarten.

Durch die Konstruktion der objektiven Körperwelt tritt dem unmittelbar Vorliegenden etwas von ihm Verschiedenes gegenüber. Durch den Unterschied vom Objektiven wird es nun subjektiviert; es wird als Erlebnis charakterisiert. Dadurch kommt ein Dualismus zustande: die Verschiedenheit von Körperlichem und Seelischem. Dieser Dualismus erhält durch die Annahme von fremdem Seelenleben noch eine viel breitere Basis. Damit erwächst die Aufgabe, die Beziehung zwischen diesen beiden Bereichen zu bestimmen. Die Schwierigkeiten, die sich dabei ergeben, haben zu dem Versuch geführt, diesen Dualismus zu beseitigen. An die Stelle einer dualistischen soll eine monistische Konstruktion treten. Der Materialismus will seelische Vorgänge durch körperliche ersetzen, durch physiologische. Damit geht aber die Basis der Konstruktion einer körperlichen Welt verloren, die Erlebnisse werden ausgeschaltet. Der Idealismus nimmt hingegen die Körperliche Welt als eine bloß gedachte in die Erlebnisse hinein. Damit gibt er die Ergänzung des Erlebten durch etwas außer ihm Vorhandenes auf und verliert dadurch die Möglichkeit, das Erlebte auf eine befriedigende Weise zu erklären; denn er kann es nur aus Fiktionen ableiten[41].

VII. Die Konstruktion

1. Das Sinnproblem der Konstruktion

Die Erfahrungswelt baut sich aus der objektiven Körperwelt und den eigenen und fremden Seelenvorgängen auf. Damit besteht sie nicht einfach aus dem, was man wahrnimmt. Objektive Körper und fremde See-

---

[41] Darüber ausführlicher S. 61 f.

lenvorgänge stehen außerhalb des Wahrnehmbaren. Es sind Konstruktionen von etwas anderem als diesem, von etwas Nicht-wahrgenommenem, von etwas Neuem. Die Konstruktionen bilden eine konstitutive Grundlage der Erkenntnis, außer dem sinnlich Gegebenem. Durch die Konstruktionen wird das geleistet, wozu *Kant* synthetische Urteile a priori eingeführt hatte: Grundlagen der Erkenntnis, die nicht in der „Sinnlichkeit" bestehen. Daß das sinnlich Gegebene zur Begründung der Erkenntnis nicht hinreicht, ist zweifellos und hat sich neuerdings wieder in *Carnaps* „Der logische Aufbau der Welt", 1928, gezeigt. Mehr als das Eigenpsychische konnte er aus dem sinnlichen Gehalt der Erlebnisse nicht in streng logischer Weise konstituieren. Die Konstruktion führt darüber hinaus, als gedankliche Neuschöpfung, die aber erst begründet und durch Wahrnehmung bestätigt werden muß. Mit der Konstruktion wird die nichtsinnliche Komponente der Erkenntnis deutlich gemacht und begründet. Sie ersetzt die unhaltbare Voraussetzung synthetischer Urteile, die a priori, ohne Begründung durch Erfahrung, gültig sind.

Worin eine Konstruktion besteht, dafür kann man aus der Geometrie und der Technik Beispiele entnehmen, z. B. die Konstruktion einer Parallele zu einer Seite eines Dreiecks von einem Eckpunkt aus oder die Konstruktion einer Brücke. Eine Konstruktion besteht in der Herstellung eines neuen Gegenstandes, der bestimmte Bedingungen erfüllt, so Parallelität und durch einen bestimmten Punkt, oder eine tragfähige Verbindung zwischen zwei Ufern. Eine Konstruktion wird durch Zusammensetzung von Elementen zu einer neuen Einheit gebildet.

Weil die *Konstruktionen der Erfahrungswelt* etwas Neues, etwas anderes als Wahrnehmungen enthalten, darum sind sie problematisch; nicht nur die objektiven Körper; der radikale Behaviorismus und der Physikalismus des Wiener Kreises hat auch die Erkennbarkeit fremder Seelenvorgänge negiert und statt ihrer nur physiologische Vorgänge eingesetzt. Der sensualistische Positivismus in unserem Jahrhundert hat nur Wahrnehmbares für die Erkenntnis zugelassen und für den Sinn von Begriffen und Urteilen und für die Verifikation die Zurückführung auf Beobachtungen verlangt. Denn die Wirklichkeit, von der wir wissen, gibt uns nur die Wahrnehmung. Durch sie allein können deshalb Begriffe und Urteile einen angebbaren Sinn erhalten. Für Begriffe und Urteile, die etwas anderes enthalten sollen, kann darum keine Bedeutung angegeben werden, sie müssen sinnleer bleiben. Deshalb erscheinen Konstruktionen als metaphysische Spekulationen nicht nur, sondern als Ausdrücke ohne einen angebbaren Sinn.

In präziser Weise ist diese Auffassung von *Carnap* dargestellt worden[42]. Die physikalischen Gegenstände werden durch Theorien konstituiert. Eine Theorie wird nach *Carnap* in der Weise aufgestellt, daß ein reiner Kalkül aufgebaut wird und daß für diesen eine Interpretation gegeben wird[43]. Der Bereich der „Entitäten", die als Werte der Variablen zulässig sind, ist ein mathematischer und ein physikalischer. Dieser besteht in einem System von Raum-Zeit-Koordinaten als Quadrupeln von reellen Zahlen[44]. *Carnap* unterscheidet eine „theoretische" und eine „Beobachtungssprache"[45]. Die „Terme" der Beobachtungssprache bezeichnen nur Beobachtbares und Beziehungen zwischen solchem, die Terme der theoretischen Sprache hingegen Unbeobachtbares, wie z. B. Elementarteilchen, elektromagnetisches Feld, Gravitationsfeld. Diese Terme können nicht mit denen der Beobachtungssprache definiert werden, weil sie nicht rein Beobachtbares bezeichnen. Sie werden durch eine Reihe von Postulaten (z. B. die Maxwellschen Gleichungen) bestimmt. Damit sind sie zunächst nur Zeichen in einem uninterpretierten Kalkül. Aber durch Korrespondenzregeln werden sie mit Termen der Beobachtungssprache verknüpft und erhalten dadurch eine Interpretation, einen empirischen Sinn. Durch diese Verknüpfung wird es möglich, mit ihrer Hilfe aus Beobachtungen Voraussagen abzuleiten. Aber nicht alle theoretischen Terme erhalten so eine Interpretation; ein Teil von ihnen erhält sie nur auf indirektem Weg, nur dadurch, daß diese Terme durch die Postulate der Theorie mit jenen Termen verknüpft sind, die durch Korrespondenzregeln interpretiert werden. Deshalb ist der empirische Sinn immer relativ zu einer Theorie, er hängt von der theoretischen und der Beobachtungssprache ab, von den Postulaten und den Korrespondenzregeln.

Was theoretische Terme bedeuten, sofern sie überhaupt einen empirischen Sinn haben, besteht somit nur darin, daß sie Symbole für wahrnehmbare Messungsgrößen bestimmter Art sind; aber sie bezeichnen nicht eine davon verschiedene Realität, sie führen keine ontologische Doktrin ein. Mit einer solchen begibt man sich in das Gebiet der Metaphysik, der sinnlosen Scheinfragen[46]. Einen „kognitiven" Sinn hat „real" nur in der

---

[42] *R. Carnap*, The Methodological Character of Theoretical Concepts, 1956 (Minnesota Studies in the Philosophy of Science, I).

[43] *R. Carnap*, The Interpretation of Physics (Readings in the Philosophy of Science, ed. by *H. Feigl* & *M. Brodbeck*, 1953, S. 309 f.).

[44] *Carnaps*, The Methodological Character of Theoretical Concepts, S. 43 und 44.

[45] Wie schon *Russell*, An Inquiry into Meaning and Truth, 1940.

[46] *Carnaps*, The Methodological Character of Theoretical Concepts, S. 44.

1. Das Sinnproblem der Konstruktion

Beobachtungssprache. Hier bedeutet es ein mögliches beobachtbares Ereignis[47]. Die körperliche Welt ist somit nur in tatsächlichen (und möglichen) Wahrnehmungen wirklich. Eine objektive Realität außerhalb dessen wird als Metaphysik negiert.

Wenn die theoretischen Begriffe und Prinzipien nur dazu dienen, beobachtbare Ereignisse durch Zeichen, die keine andere, selbständige Bedeutung haben, zu verknüpfen, dann taucht die Frage auf, die *Hempel* gestellt hat[48], ob sie nicht überhaupt entbehrlich sind und durch ein Gesetz — gemäß dem mathematischen Formalismus — ersetzt werden können, das eine direkte Verknüpfung zwischen den beobachtbaren Ereignissen herstellt. Er beantwortet sie damit[49], daß die theoretischen Begriffe und Prinzipien durch ihre ökonomische Funktion der Systematisierung großer Klassen von beobachtbaren Ereignissen und durch ihre heuristische Fruchtbarkeit gerechtfertigt werden.

Die Trennung von theoretischer Sprache und Beobachtungssprache, wie sie Carnap vornimmt, ist undurchführbar. Es sind keine getrennten, selbständigen Bereiche. Die theoretischen „Terme" entbehren einen eigenen Sinn, weil sie Unwahrgenommenes (Elektron, magnetisches Feld usw.) betreffen; sie werden zu bloßen Zeichen eines Kalküls[50]. Die theoretischen Zeichen erhalten nur dadurch einen Sinn, daß sie, teilweise, durch Korrespondenzregeln mit Beobachtbarem verknüpft werden. Die theoretische Sprache ist also auf die Beobachtungssprache angewiesen und für sich allein gar keine Sprache, die etwas bezeichnet. Die Terme der Beobachtungssprache werden von *Carnap* definiert als „predicates designating observable properties of events or things (e. g. „blue", „hot", „large" etc.) or observable relations between them (e. g. „x is warmer than y", „x is contiguous to y")"[51]. Wenn sinnliche Qualitäten wie blau und heiß als Eigenschaften von Dingen und Vorgängen bezeichnet werden, dann werden damit Dinge und Vorgänge eingeführt — treten diese zu den Sinnesdaten hinzu als etwas anderes? Es kommt damit eine Zweideutigkeit hinein[52]. Denn Dinge und Vorgänge können als solche verstanden

---

[47] Vgl. das Beispiel von *Carnap* in: Readings in the Philosophy of Science, S. 315.
[48] C. G. *Hempel*, The Theoretician's Dilemma, 1958 (Minnesota Studies in the Philosophy of Science, II).
[49] a.a.O., S. 87.
[50] Vgl. *Schlick*, Gesammelte Schriften, 1938, S. 204: „As long as no signification is assigned the symbols are really nothing but simple marks."
[51] *Carnap*, The Methodological Character of Theoretical Concepts, S. 41.
[52] Vgl. *Carnap*, The Interpretation of Physics (Readings in the Philosophy of Science, ed. by *H. Feigl & M. Brodbeck*, 1953, S. 315).

werden, die auch unwahrgenommen vorhanden sind. Aber gibt es für *Carnap* solche Gegenstände? Weil die unwahrgenommenen physikalischen Gegenstände durch bloße Zeichen eines Kalküls ohne eigenen Sinn repräsentiert werden, können damit keine unwahrgenommenen objektiven Gegenstände eingeführt werden. „Dinge und Vorgänge" können für *Carnap* nur in den phänomenalen Gegenständen als Zusammenhängen von Wahrnehmungen bestehen. Den theoretischen Begriffen kann keine unwahrgenommene Realität entsprechen, weil sie keinen anderen Sinn haben als den durch ihre Verknüpfung mit Beobachtungsdaten.

Aber wenn der empirische Sinn von Begriffen so auf Beziehungen von Sinnesdaten eingeschränkt wird, dann ist das als Basis für die physikalische Erkenntnis einer körperlichen Welt gänzlich ungenügend. Das wird an einem Beispiel *Carnaps* offenkundig: „The statement that a specified possible observable event, e. g. that of this valley having been a lake in earlier times[53]." Daß ein bestimmtes Tal früher ein See war, kann nur mögliche Beobachtungen, Sinneseindrücke, bedeuten. Aber ein See in einer vormenschlichen geologischen Epoche ist etwas Unwahrnehmbares. Es ist eine irreale Bedingung für Beobachtungen. Mögliche Beobachtungen können sich nur auf die Zukunft beziehen, nicht auf die Vergangenheit. Man kann nur von gegenwärtigen Beobachtungen (von „Sedimenten" und „Fossilien") auf Beobachtungen schließen, die damals hätten gemacht werden können (einer Wasserfläche) — wenn es Beobachter gegeben hätte! Dieser Gedankenzusammenhang tritt an die Stelle einer geologischen Realität.

Wenn man die physikalische Erkenntnis auf Beobachtbares einschränkt und den theoretischen Begriffen nur einen Sinn durch ihre Verknüpfung mit Beobachtbarem zuerkennt und unter Beobachtung nur Sinneseindrücke versteht, dann ist diese „Sprache", die Beobachtungssprache, viel zu arm für die Bedürfnisse der Physik. Wenn man Messungsdaten und experimentelle Feststellungen als Beobachtungen betrachtet, so schließt schon solche Beobachtung viel mehr ein als Sinneseindrücke und deren Beziehungen. Bei der Ablesung des Gasverbrauchs oder des Stromverbrauchs an einem Gas- oder einem Stromzähler besteht der Sinneseindruck darin, daß man die Koinzidenz zweier Striche, der Zeigerspitze und des Teilstriches einer Skala und daneben eine Ziffer sieht. Aber damit ist noch keineswegs eine Messungsgröße gegeben, welche die Menge des verbrauchten Gases oder Stromes angibt. Daß ein Gesichtsbild dies anzeigt, beruht auf seiner Interpretation als Anzeichen für etwas

---

[53] *Carnap*, The Methodological Character of Theoretical Concepts, S. 45.

anderes als das Gesehene. Dieses muß als ein Meßapparat erkannt sein und das heißt als ein objektiver Gegenstand, in welchem sich objektive Vorgänge abspielen: Durchfließen von Gas oder elektrischem Strom, wieder objektive Gegenstände und Vorgänge. Und mit diesen hängen wieder andere zusammen, Rohrleitungen und Kabel. All das kann nicht in möglichen Sinneseindrücken bestehen. Denn dann ist nichts da als das Gesichtsbild und seine Auffassung als Meßapparat. Ein Wissen von den möglichen Sinneseindrücken ist gewöhnlich gar nicht aktuell lebendig. Der Meßapparat und was damit zusammenhängt, die objektiven Gegenstände und Vorgänge müssen vorhanden sein, auch ohne daß sie wahrgenommen werden. Sonst wird der Zusammenhang der möglichen Wahrnehmungen völlig unverständlich. Man kann ihn nur hinnehmen als etwas, das einfach so ist; aber man kann sich ihn nicht erklären. Dazu muß man die Existenz objektiver Gegenstände und Vorgänge annehmen, durch welche die Sinnesdaten ergänzt werden und gesetzmäßig ableitbar werden.

„Beobachtung" besteht nicht einfach in Sinneseindrücken. Ein Sinnesdatum präsentiert sich lediglich selber und sonst nichts; aber Beobachtung ist Wahrnehmung *von etwas*. Das wird sie durch die Interpretation des Sinnesdatums mit Hilfe theoretischer Begriffe. Beobachtung setzt theoretische Begriffe voraus und schließt sie ein. Diese müssen deshalb einen eigenen Sinn haben und können ihn nicht erst durch Verknüpfung mit der Beobachtung erhalten. Diesen Sinn gibt ihnen die Konstruktion objektiver Gegenstände, die außer den Sinneseindrücken noch vorhanden sind[54].

2. Definierbarkeit der Konstruktionen

Weil die Erfahrung nicht lediglich in Wahrnehmungen besteht, sondern sich auf objektive Körper und fremde Seelenvorgänge neben den eigenen bezieht, schließt sie bereits eine Theorie ein, zunächst die des naiven Realismus. Dieser nimmt an, daß die wahrgenommenen Körper auch unwahrgenommen existieren und daß es unwahrgenommene fremde Erlebnisse gibt. Er begnügt sich nicht mit den Wahrnehmungen, sondern verwendet Konstruktionen. Nicht erst die theoretischen Begriffe der Physik enthalten Konstruktionen, sondern auch schon für die Welt der Alltags-Erfahrung sind sie wesentlich.

---

[54] Siehe früher VI. 1. 2.

Es sind nicht „logische Konstruktionen" im Sinn *Russells*[55], wie sie auch *Carnap* durchführen wollte[56]. Denn mit diesen sind Begriffsbildungen aus Sinnesdaten gemeint; die Konstruktionen, die eine objektive Welt aufbauen, sind hingegen Begriffsbildungen von etwas anderem als Sinnesdaten, es sind Begriffsbildungen von etwas Neuem. Darum können diese Begriffe nicht auf Sinnesdaten zurückgeführt und durch sie definiert werden. Das hat sich bei den sogenannten Dispositionsbegriffen gezeigt und ist von *Hempel* ausführlich und klar dargestellt worden[57].

Wenn Begriffe wie die Dispositionsbegriffe und so die theoretischen Begriffe und die Konstruktionen überhaupt nicht durch Beziehungen von Wahrnehmbarem definiert werden können, müssen sie deshalb doch nicht als sinnleere Zeichen betrachtet werden — was in sich widerspruchsvoll wäre, weil es ja für Zeichen wesentlich ist, daß sie etwas bedeuten. Dann stünden ja an Stelle der wichtigsten Begriffe der Wissenschaften nur Figuren ohne einen Sinn! Wenn nun theoretische Begriffe und überhaupt Konstruktionen nicht sinnleer sind, muß angegeben werden können, was sie beinhalten. Der Bedeutungsgehalt eines Begriffes wird durch seine Definition angegeben. Eine operationale Definition, wie sie *Bridgman* inauguriert hat[58], ist dafür ungenügend. Denn sie gibt den Sinngehalt nur zum Teil an, nur insofern als er nur die Bedingung für die *Anwendung* eines konstruierten Begriffes im Wahrnehmungsbereich, betrifft aber nicht seinen eigentlichen Sinngehalt. Das ist auch der Fall, wenn solche Begriffe durch Regeln für die Zuordnung zu Wahrnehmbarem (Korrespondenzregeln) einen Sinn erhalten sollen, was nur teilweise möglich ist. In welcher Weise ein konstruierter Begriff definiert werden kann, wenn es nicht durch Zurückführung auf Wahrnehmungen geschehen kann, muß nun gezeigt werden.

Zu einer Definition braucht man vorgegebene Begriffe, die eindeutig bestimmt sind. In der Umgangssprache kann man dazu Begriffe verwenden, die hinreichend klar sind, wenigstens in dem betreffenden Zusammenhang. Die immer wieder hervorgehobene Vagheit der Umgangssprache kommt nicht allen ihren Begriffen zu; oder es kann eine Unschärfe für den Zweck einer Definition bedeutungslos sein. In einer formalisierten Sprache hat man die undefinierten primitiven Begriffe. Für

---

[55] Mysticism and Logic, 1929.
[56] Der logische Aufbau der Welt, 1928.
[57] The Theoretician's Dilemma, 1958 (Minnesota Studies in the Philosophy of Science, II).
[58] The Logic of Modern Physics, 1927.

2. Definierbarkeit der Konstruktionen

ihre Interpretation muß vorausgesetzt werden, daß ihre Bedeutung klar ist, daß man weiß, was sie enthalten. Für die Grundbegriffe wird geltend gemacht, daß die letzte Grundlage aller Definition die „ostensive" Definition ist[59]. Das Verständnis der Bedeutung der Wörter müsse in letzter Linie darauf zurückgehen, daß man auf unmittelbar Vorliegendes hinweist. Und als dieses werden die Sinnesdaten angeführt, „blau, heiß", und sinnlich gegebene Beziehungen zwischen ihnen, „wärmer"[60]. Dann können aber alle Begriffe nur „logische Konstruktionen" aus Sinnesdaten enthalten, d. i. nur Klassen von Sinnesdaten in verschiedenen Stufen. Konstruktionen von etwas anderem sind dann ausgeschlossen. Aber es läßt sich zeigen, daß auf Grund von Sinnesdaten neue Begriffe gebildet werden können.

Das Paradigma einer konstruktiven Neubildung von Begriffen geben die Zahlen[61]. Eine Mehrheit von Einzelnem wird durch Wahrnehmung gegeben, z. B. von gleichen Münzen. Man kann aber auch beliebiges Einzelnes zu einer Menge zusammenfassen. Mengen, deren Elemente einander ohne Rest zugeordnet werden können, sind insofern einander gleich; sie bilden eine Klasse von Mengen. Man kann gedanklich verschiedene Klassen von Mengen bilden, indem man zu jeder gebildeten Menge immer ein neues Element hinzufügt. Durch dieses Bildungsgesetz kann man gedanklich eine endlose Reihe von Mengenklassen erzeugen, die (natürlichen) Zahlen. Die geometrischen Begriffe (Gerade, Ebene, Winkel, Punkt...) sind dadurch zu bilden, daß aus dem sinnlich Gegebenen einzelne gemeinsame Züge nicht nur abstraktiv herausgehoben werden, sondern auch durch Anforderungen modifiziert werden. Der Begriff einer Ebene wird dadurch gewonnen, daß uns durch Gesichtsbilder von ruhigen Wasserflächen oder Spiegeln Ebenheit vor Augen gestellt wird und daß diese Beschaffenheit gesondert erfaßt wird. Der Begriff einer Linie kann aus Kanten oder Fäden abstrahiert werden, indem nur die Erstreckung in einer Dimension festgehalten wird. Gesehene und getastete Linien und Flächen weisen die Beschaffenheit gekrümmt oder gerade auf, die begrifflich isoliert werden. Der Begriff einer Geraden wird von Kanten abgenommen, die keine merkliche Krümmung aufweisen und

---

[59] So von *Schlick*, Meaning and Verfication (Gesammelte Schriften, 1938, S. 341): „the only explanation which can work without any privious knowledge ist the ostensiv definition."

[60] So *Carnap*, The Methodological Character of Theoretical Concepts (Minnesota Studies, I, 1956, S. 41).

[61] Dazu und zum Folgenden *V. Kraft*, Erkenntnislehre, 1960, II. 4.

in einer bestimmten perspektivischen Ansicht auf einen Punkt zusammenschrumpfen. Der Begriff eines Punktes wird durch den Schnittpunkt von Linien gegeben, wobei alle Ausgedehntheit ausgeschaltet wird, aber die Lage zu anderen Gegenständen festgehalten wird. So werden ideale räumliche Gebilde konzipiert, die Begriffe einer räumlichen Geometrie, die nicht ein bloßes System von Zahlen ist; dieses gibt nur die *Messung* der räumlichen Größen an. Der qualitative räumliche Gehalt dieser Begriffsbildungen wird aus Sinneseindrücken entnommen, wobei andere Qualitäten (so die Farbe) als unwesentlich außer Betracht bleiben. Die geometrischen Begriffe werden daraus dadurch gebildet, daß an ihren Inhalt bestimmte Anforderungen gestellt werden: Ausdehnungslosigkeit für den Punkt, Eindimensionalität für die Linie, Zweidimensionalität für die Fläche. Die Wellenbewegung läßt sich von den bewegten Wahrnehmungsgegenständen begrifflich loslösen und durch Anforderungen präzisieren und wird dadurch frei verwendbar.

Durch Begriffe, die in dieser Weise gebildet sind, werden die Konstruktionen objektiver Gegenstände definierbar. Ein solcher physischer Gegenstand ist, gegenüber dem phänomenalen Gegenstand, der in einem regelmäßigen Zusammenhang eines tatsächlichen Sinneseindruckes mit bestimmten möglichen besteht, ein Individuum. Dieses wird durch eine objektive *Gestalt* charakterisiert. Seine Gestalt, z. B. die eines Würfels, läßt sich klar definieren. Diese besteht in sechs gleichen ebenen quadratischen Flächen, die so aneinander gelagert sind, daß jede alle vier Seiten mit denen einer anderen der Flächen gemeinsam hat und daß sie in rechten Winkeln aneinander stoßen. Die so konstruierte Gestalt kann als ganze nicht gesehen oder getastet werden, aber sie kann durch Definition klar bestimmt werden. Wenn ein körperlicher Gegenstand in seiner physikalischen Bestimmung aus Atomen zusammengesetzt wird, stellen die Flächen, durch welche seine Gestalt in makroskopischer Hinsicht gebildet wird, die Begrenzung eines Raumkomparimentes dar, in dem sich die Elementarteilchen (oder Materiewellen) bewegen.

Eine objektive Gestalt wird weiter durch ihre *Größe* bestimmt. Die Größe wird optisch und taktil wahrgenommen. Die gesehene Größe verändert sich mit der Entfernung und durch perspektivische Verkürzung. Aber die Größen verschiedener gesehener Gegenstände verkleinern sich mit der Entfernung alle in demselben Maß. Durch Vergleichung der wahrgenommenen Größen untereinander ergibt sich eine topologische Bestimmung der Größe eines phänomenalen Gegenstandes, indem ein konstantes Größenverhältnis als größer oder kleiner oder als gleichgroß für

2. Definierbarkeit der Konstruktionen

ihn ermittelt wird. Die Größe eines objektiven Körpers wird durch Messung bestimmt. Sie besteht in der Feststellung eines Größenverhältnisses zu einer Einheitsgröße. Die Grundlage der Messung gibt die Messung der Länge; auf ihr beruht die Messung der Fläche, des Volumens, des Winkels[62].

Ein objektiver körperlicher Gegenstand wird durch eine objektive Gestalt und deren Größe konstituiert. Die Gestalt setzt sich aus definierten Elementen zusammen und die Größe ist durch Messung genau bestimmbar.

Die weitere Bestimmung eines objektiven physischen Gegenstandes erfolgt durch objektive *Eigenschaften*. Die Bildung ihrer Begriffe geht ebenfalls von Sinnesdaten aus, von wahrgenommenen Beziehungen der phänomenalen Gegenstände. So Festigkeit. Man sieht, daß eine Gestalt sich unverändert erhält und nur bei einem heftigen Zusammenstoß mit einer anderen Gestalt sich ändert, und man spürt, daß sie bei Berührung Widerstand leistet. Hingegen sieht man auch Gestalten, die ganz durch die Gestalt ihrer Umgebung bestimmt werden und nur in kleinsten Mengen Kugel- oder Tropfenform annehmen. Daraus wird der Begriff flüssig entwickelt. Man empfindet, daß eine Gestalt einen Druck ausübt, und sieht, daß sie ihre Unterlage eindrückt und daß sie zu Boden fällt, wenn sie nicht unterstützt wird. Auf Grund solcher Wahrnehmungen wird der Begriff der Schwere gebildet. Die Empfindungen von Wärme und Kälte geben Anlaß zur Bildung des Begriffs der Temperatur als einer objektiven Eigenschaft.

Aber die Wahrnehmungen geben nur den Anlaß und eine Grundlage für die Bildung der Begriffe objektiver Eigenschaften. Diese können durch sie nicht definiert werden. Denn sie gehen über das Wahrgenommene grundsätzlich hinaus, indem sie auch unwahrgenommen vorhanden sind. In ihnen werden Bedingungen dafür aufgestellt, daß und wie wahrnehmbare Erscheinungen eintreten. Als solche Bedingungen müssen die objektiven Eigenschaften selbständig bestimmt werden. Es macht die Unzulänglichkeit des naiven Realismus aus, daß er die Eigenschaften der objektiven Körperwelt einfach mit den wahrgenommenen gleichsetzt. Obwohl er annimmt, daß die körperlichen Gegenstände auch unwahrgenommen vorhanden sind, stattet er sie mit sinnesqualitativen Eigenschaften aus. Aber anzunehmen, daß diese auch vorhanden sind, wenn sie

---

[62] Zur Längenmessung siehe S. 56.

VII. Die Konstruktion

nicht erlebt werden, als Weltelemente, wie es *Mach* getan hat, ist dogmatisch und widerspricht ihrer Subjektivität.

Wie die Eigenschaften als objektive zu bestimmen sind, wird durch die Physik geleistet. Sie schaltet die Sinnesqualitäten aus; die Töne werden durch Wellen der Luft ersetzt, die Farben durch elektromagnetische Wellen, Geschmack und Geruch durch chemische Vorgänge, d. i. durch atomare, ebenso die Wärme oder Kälte durch die Bewegung der Atome oder Moleküle eines Körpers. Die physikalischen Eigenschaften werden durch Messung bestimmt. Eine Maßzahl ist aber keine bloße Zahl, sie bezieht sich auf die Art einer Größe; Messung setzt etwas voraus, das gemessen wird, die quantitative Bestimmung eine qualitative. Was gemessen wird, das wird aus dem Maßsystem der Physik ersichtlich, dem cm-g-sec-System. Was gemessen wird, sind also Längen, Zeiten und Massen. Durch sie können alle physikalischen Größen, Geschwindigkeit, Kraft, Energie, elektrische Ladung bestimmt werden[63].

Eine *Länge* wird dadurch gegeben, daß sie gesehen oder getastet wird, aber es kommen darüber hinaus vielfach auch Längen in Betracht, die nur errechnet werden können, so wenn in der Astronomie die Entfernung von Sternen von uns aus ihrer Helligkeit gefunden wird. Längen werden auf verschiedene Weise gemessen, nicht bloß durch Koinzidenz mit einem Maßstab, sondern auch durch Triangulierung, durch Parallaxebestimmung, durch Lichtsignale bei bewegten Körpern[64]. Die objektive Länge ist als der Abstand zweier Punkte in gleichzeitiger Lage im objektiven Raum zu definieren. Eine *Zeit*dauer wird durch den Abstand zweier Zeitpunkte im eindeutig festgelegten Nacheinander, das z. T. auf Grund des erlebten Nacheinander konstituiert wird, objektiv bestimmt.

Der Begriff der *Masse* ist wie die beiden anderen Grundbegriffe auf Grund von Wahrnehmungen gebildet. Beim Zusammenstoß von Körpern oder wenn sie sich anziehen oder abstoßen, zeigt sich, daß sie Beschleunigungen bestimmter Art erhalten, die nur von den betreffenden Körpern abhängen. Die Masse tritt in der Trägheit und in der Schwere eines Körpers in Erscheinung. Die Trägheit besteht in dem „Widerstand", den ein Körper der Änderung seines Bewegungszustandes entgegensetzt, d. i. in einer quantitativen Determination dieser Änderung. Die *schwere* Masse besteht in der „Anziehung", die ein Körper auf einen anderen ausübt,

---

[63] Vgl. *B. Juhos,* Die erkenntnislogischen Grundlagen der klassischen Physik, 1963, S. 57 und 58.

[64] a.a.O., S. 43.

2. Definierbarkeit der Konstruktionen

d. i. in der Beschleunigung in der Richtung auf sich, die ein Körper einem anderen erteilt. Träge und schwere Massen sind proportional. Der Begriff der Masse wird somit durch die Abhängigkeit einer Beschleunigung von einem Körper bestimmt, nicht durch eine neue andersartige Qualität gegenüber den sinnlichen. Die Masse als eine objektive Eigenschaft läßt sich durch funktionale Beziehungen zu raumzeitlichen Bestimmungen definieren, durch die sie gemessen wird.

Eine Beschleunigung zeigt sich als nicht bloß vom bewegten Körper abhängig, sondern auch von einer Bedingung außerhalb desselben, der *Kraft*. Diese tritt in verschiedener Weise auf, als Gravitation, d. i. als Anziehung der Massen, als Anziehung oder Abstoßung durch elektrische Ladung, als magnetische Anziehung, als Deformation einer Gestalt durch Bewegung. Kraft stellt sich immer als Beschleunigung einer Masse dar[65]. Auch im Begriff der Kraft wird nicht eine neue Qualität eingeführt. In qualitativer Hinsicht geht sie auf die Empfindung der Anstrengung durch Muskelkontraktion zurück. Das zeigt die Benennung als Kraft. Man erlebt im Stoß, im Heben eines Gewichtes, in der Überwindung eines Widerstandes die Verursachung von Bewegung. Aber was daraus objektiviert werden kann, ist ohne Anthropomorphismus nicht eine Qualität, sondern nur die Verursachung oder Änderung von Bewegung. Worin die Ursache qualitativ besteht, läßt sich nicht sagen. Die Kraft kann nur als Bedingung für eine Änderung von Bewegung bestimmt werden, also in räumlich-zeitlicher Weise. Aber durch diese kann der konstruierte Begriff der Kraft klar definiert werden, durch ihre Messung, als das Produkt aus Masse und erteilter Beschleunigung.

In derselben Weise sind auch die Grundbegriffe der Elektrizität und des Magnetismus zu definieren. Auch sie haben ihre Wurzel im Bereich der Wahrnehmung. Die wahrnehmbaren Erscheinungen, in denen sich die Elektrizität darstellt, sind Anziehung und Abstoßung von Körpern, die unter bestimmten Bedingungen (Reibung bestimmter Stoffe) auftreten, ein Schock, den man bei Berührung eines elektrischen Körpers empfindet, Erhitzung eines solchen Körpers bis zum Glühen und Leuchten u. a. Aber wie an die Stelle von Tönen und Farben als objektive Beschaffenheit Wellen treten, so werden auch diese wahrnehmbaren Erscheinungen durch eine konstruierte Beschaffenheit „elektrische Ladung" ersetzt. Mit ihr wird ebenfalls nicht eine neue, nicht-sinnliche Qualität konzipiert, denn eine solche läßt sich nicht erfinden. Die Eigenschaft „elektrisch geladen"

---

[65] Dazu *H. Margenau*, The Nature of Physical Reality, 1950, S. 223 f.

wird vielmehr durch ihre Entstehungsbedingungen und durch ihre Wirkungen bestimmt, daß durch einen so beschaffenen Gegenstand anderen eine Beschleunigung in der Richtung einer Anziehung oder Abstoßung erteilt wird. Die Beschaffenheit „elektrische Ladung" wird also ebenfalls durch räumlich-zeitliche Bestimmungen definiert. Die Größe der elektrischen Ladung wird durch die erteilte Beschleunigung gemessen. Zwei Körper haben die gleiche elektrische Ladung, wenn sie einem dritten in derselben Entfernung dieselbe Beschleunigung in derselben Richtung erteilen. Eine bewegte elektrische Ladung bildet einen elektrischen Strom. Auch er wird durch seine Wirkungen, thermische, chemische, magnetische, gekennzeichnet. In ihm wird eine einheitliche Bedingung für diese Wirkungen aufgestellt.

In der Masse, der Kraft, der elektrischen Ladung sind objektive Eigenschaften konstruiert, die dadurch bestimmt werden, daß sie Bedingungen für Änderungen von Bewegung (oder relativer Ruhe) sind. Sie werden so durch ihre Wirkungen bestimmt. Man kann es auch so ausdrücken, daß in Masse, Kraft, Ladung mehrerlei Ursachen für Bewegungsänderungen verschiedener Art aufgestellt sind. Aber man kann diese Ursachen nicht anders, qualitativ, bestimmen, sondern nur durch die Messung ihrer Wirkungen. Aber man kann sie durch die verschiedene Art der Abhängigkeit der Bewegungsänderung unterscheiden und eindeutig kennzeichnen.

Für die objektiven Eigenschaften ist kein Träger erforderlich, dem diese zukommen und der in ihrem Wechsel beharrt, die Substanz. Wenn sie nicht überhaupt unbestimmbar sein soll, müßte sie selbst wieder durch Eigenschaften bestimmt werden, die andersartige sein müßten als diejenigen, deren Träger sie ist — welche? Was beharrt im Wechsel? Aber man braucht die Konstruktion einer Substanz gar nicht. Der Träger der Eigenschaften ist der durch eine Gestalt abgegrenzte Raumteil. Dort sind die Eigenschaften lokalisiert; und das genügt.

Die Begriffe, durch welche eine objektive Körperwelt außer den Wahrnehmungen konstruiert wird, enthalten weder bloß Wahrnehmbares und können deshalb nicht darauf reduziert werden, noch sind es sinnleere „Zeichen", die erst durch ihre Verknüpfung mit Wahrnehmungen („Beobachtungen") mittels Korrelationsregeln einen Sinn, wieder nur im Wahrnehmungsbereich, erhalten; sondern wie sie gegenüber dem naiven Realismus durch die Physik konstituiert werden, kann ihr Sinngehalt definitorisch angegeben werden, und zwar ausschließlich durch räumlich-zeitliche Bestimmungen. Das wird besonders deutlich in der allgemeinen

Relativitätstheorie. Weil die Messung räumlicher und zeitlicher Größen in Abhängigkeit voneinander erfolgen muß, sind Raum und Zeit ihrer Selbständigkeit entkleidet und bilden ein vierdimensionales nichteuklidisches geometrisches System und in dieses ist auch die Masse und die Schwerkraft einbezogen. Die Masse wird durch eine Veränderung der Metrik dieses Systems, als eine „Raumkrümmung" darin dargestellt und durch diese wird auch die Anziehung der Massen ersetzt, wodurch die Schwerkraft als Fernwirkung mit unendlicher Geschwindigkeit ausgeschaltet wird. Physikalisch wird also die objektive Körperwelt durch räumliche und zeitliche Größen bestimmt.

3. Räumlichkeit und Zeitlichkeit als objektive Qualitäten

Aber sind nicht Räumlichkeit und Zeitlichkeit ebenfalls sinnliche Qualitäten und müssen sie nicht deshalb ebenfalls als subjektiv ausgeschaltet werden, wie es *Schlick* verlangt hat?[66] Nicht die anschauliche Räumlichkeit, nur ein geometrisches System von Zahlen-Tripeln kann als objektiv gelten[67]. Die objektive Ordnung kann überhaupt nicht mehr als räumlich bezeichnet werden[68]. Ebenso reduziert sich die zeitliche Bestimmung auf Zahlen. Die objektive Welt wird so zu einem Inbegriff von Zahlen-Quadrupeln[69]. Wenn so das Neben- und das Nacheinander ausgeschaltet wird, dann bleibt nur ein starres System von Zahlen übrig. Mit dem Nacheinander wird die Veränderung ausgeschlossen: dann kann es kein objektives Geschehen geben, nicht einmal Bewegung, denn sie ist Veränderung der Lage im Raum. Raum- und Zeitpunkte genügen nicht, denn sie bilden nur ein starres System, ein unwandelbares Sein. Physikalisches Geschehen ist *Veränderung*, so des Ortes, die *durchlaufene* Länge, der zurückgelegte Weg. Sie wird aus der gesehenen Bewegung abstrahiert, die damit objektiv bestimmt wird. Wenn aber die Ausdehnung als objektive Beschaffenheit ausgeschaltet wird, dann wird die Konstruktion einer objektiven Körperwelt unmöglich. Dann bleibt nur ein mathematischer Formalismus, ein System von Gleichungen, von Zahlen übrig. Dieses steht allein neben den Erlebnissen. Ein solcher extremer Purismus hebt die Erkenntnis einer objektiven körperlichen Welt, ihre

---

[66] M. *Schlick*, Erkenntnislehre, 2. Aufl. 1925, § 29.
[67] a.a.O., S. 231.
[68] a.a.O., S. 240.
[69] a.a.O., S. 254.

physikalische Bestimmung auf und läßt nur den idealistischen Phänomenalismus übrig.

Aber es sind doch nicht *reine* Zahlen, mit denen es die Physik zu tun hat, sondern benannte, Maßzahlen, gemessene Größen. Sie werden als bestimmte Zahlen durch Messung festgelegt. Sie setzen somit etwas voraus, das gemessen wird. Das hat auch *Schlick* in einem nicht verständlichen Widerspruch zu der früher angeführten Negation geltend gemacht: „Es versteht sich von selbst, daß die Wissenschaft in ihrem Weltbild nicht etwa ohne jede Qualität auskommen und die Natur als ein Spiel reiner Quantitäten betrachten kann, denn Quantität ist eine Abstraktion, die voraussetzt, daß irgendetwas da ist, dessen Quantität es ist[70]." Was gemessen wird, sind (wie früher dargelegt) räumliche und zeitliche Größen.

Räumlichkeit ist nicht ein einfacher Sinnesinhalt (wie *Mach* es hingestellt hat). Ausgedehntheit ist eine Eigenschaft, die verschiedenen Sinnesqualitäten gemeinsam ist, der gesehenen farbigen Fläche und der flächenhaften Berührungsempfindung und dem getasteten Nebeneinander und der durchlaufenen Strecke bei eigener Bewegung. In diesen verschiedenen Arten von Sinnesdaten zeigt sich die Ausgedehntheit als eine gemeinsame Beschaffenheit, die abstraktiv herausgehoben werden kann. Sie ist nicht an eine spezielle einzelne Sinnesqualität gebunden — der Blindgeborene kann Ausdehnung tasten, der Gelähmte kann sie sehen. Deshalb kann man annehmen, daß es eine und dieselbe Beschaffenheit ist, die auf verschiedene Weise bewußt wird und deshalb kann diese Beschaffenheit als eine objektive, die außerhalb der Sinnesdaten vorhanden ist, behauptet werden, als eine objektive Qualität. Wollte man die Ausdehnung als subjektiv erklären und es damit begründen, daß die Sinneseindrücke, in denen sie geboten wird, von Sinnesorganen abhängen, dann würde damit schon Ausdehnung als eine Eigenschaft objektiver Gegenstände, als objektive Eigenschaft vorausgesetzt.

Die Veränderung und der Wechsel dessen, was vorliegt, wird unmittelbar erlebt. Als Gemeinsames in diesem Wechsel läßt sich die Beziehung des Nacheinander abstraktiv herausheben, als eine Beziehung mit wechselnden Gliedern. Diese müssen nicht in Erlebnissen bestehen, es können beliebige sein. Darum kann die Beziehung des Nacheinander als zwischen objektiven Gegenständen bestehend angenommen werden. Sie stellt eine objektive qualitative Beziehung dar.

---

[70] a.a.O., S. 259.

Damit daß die erlebnisgegebene Ausdehnung und Aufeinanderfolge als objektive Anordnungsweisen gelten können, wird eine qualitative Bestimmung der objektiven Körperwelt möglich. Sie besteht darin, daß in der Raum-Zeit objektive Gestalten angeordnet sind und sich und ihre Lage ändern.

Aber es stellt sich eine weitere Frage: wie dasjenige beschaffen ist, dem die raum-zeitlichen Bestimmungen zukommen. Aber das läßt sich nicht sagen. Wie die Masse, die Kraft, die Elektrizität und der Magnetismus qualitativ beschaffen sind, wissen wir nicht, ebensowenig, was in der Welle schwingt, nachdem der Äther als unhaltbar erkannt ist. Für die qualitative Bestimmung einer objektiven Körperwelt stehen uns nur die raum-zeitlichen Bestimmungen zur Verfügung. Das Raum-Zeit-Erfüllende bleibt aber qualitativ unbekannt.

Darin liegt ein starkes Motiv, die Konstruktion einer objektiven, an sich vorhandenen Körperwelt überhaupt aufzugeben, sie als eine Illusion zu betrachten und die Erkenntnis auf das zu beschränken, was tatsächlich vorliegt, auf die gesetzmäßigen Beziehungen des Wahrnehmbaren.

4. Phänomenalismus, Realismus

Wenn der empirische Sinn von Aussagen auf Beobachtbares eingeschränkt wird und wenn Beobachtbares mit Sinneseindrücken gleichgesetzt wird, dann resultiert daraus ein Phänomenalismus[71]. Aber dieser Ausdruck ist nicht eindeutig. Es kann darunter ein agnostischer oder ein idealistischer Phänomenalismus verstanden werden. Die beobachtbaren Erscheinungen können einerseits als Erscheinungen einer objektiven Realität außerhalb der Erlebnisse angesehen werden, deren Beschaffenheit aber nicht bestimmt werden kann, so wie bei *Kant;* es kann aber andererseits auch eine solche Realität „an sich" ausgeschaltet werden, weil sie unerkennbar ist und deshalb ihre Annahme sich selbst widerspricht. Nur in diesem Sinn kann der Phänomenalismus vertreten werden. Danach besteht die körperliche Welt in Wahrnehmungen, genauer: in regelmäßigen Zusammenhängen von Wahrnehmungen. Etwas Unwahrgenom-

---

[71] Vgl. *G. Bergmann,* The Metaphysics of Logical Positivism, 1954, S. 11: „One who says that all ‚there is' are sensedata and that a physical object e. g. a chair is a ‚construction' out of sensedata is obviously a traditional phenomenalist." *G. Maxwell,* The Ontological Status of Theoretical Entities (Minnesota Studies III, 1962, S. 12).

menes gibt es nicht: es kann darunter nur eine Möglichkeit von Wahrnehmungen verstanden werden. Etwas Unwahrnehmbares wäre ein „Ding an sich" und schließt sich damit von selber aus. In den gesetzmäßigen Beziehungen von Wahrnehmungen und in der Voraussage von möglichen Wahrnehmungen erschöpft sich, was von einer körperlichen Welt erkennbar ist.

Wenn man an dieser Beschränkung konsequent festhält, dann führt der Phänomenalismus unvermeidlich zum Solipsismus[72]. Denn fremde Erlebnisse können nicht wahrgenommen werden, sie werden nur zu Wahrnehmungen von Leibern hinzugedacht; sie sind etwas Unwahrnehmbares und fallen darum aus dem Bereich des Erkennbaren heraus. Was tatsächlich vorliegt, was allein wirklich und erkennbar ist, das besteht in einer einzigen Erlebnisreihe. Was dieser nicht angehört, ist für sie transzendent und unerkennbar. Aber auch wenn man vor der Inkonsequenz nicht zurückscheut und fremdes Seelenleben annimmt, hat man damit nichts gewonnen; man hat nur eine Monadologie, eine Vervielfachung der Erlebnisreihen erlangt. Die Erkenntnis einer körperlichen Welt bleibt auf die Wahrnehmungen beschränkt. Die Lichtpunkte, die ich am nächtlichen Himmel sehe und die der Astronom im Fernrohr sieht, sind nicht mehr als Lichtpunkte, keine glühenden Gasbälle von riesigen Dimensionen. Mit der Beschränkung auf das Wahrnehmbare verliert man aber die Möglichkeit, einen rationalen Zusammenhang zwischen ihnen herzustellen. Ich höre z. B. einen donnernden Lärm, wie ich ihn beim Anblick eines Flugzeuges wahrgenommen habe, aber ich sehe keines. Ich kann keines als Ursache des Lärms voraussetzen, ohne die Existenz von etwas Unwahrgenommenem anzunehmen. Ich trete in mein Zimmer und sehe es mit seiner Einrichtung so, wie ich es früher oft gesehen zu haben mich erinnere. Aber ich kann die gleichartige Wiederkehr dieser Wahrnehmungen nicht durch die Interpolation einer dauernden Realität verständlich machen. Man kann bloß feststellen, daß und wie die perspektivischen Ansichten eines Würfels, verschiedene Rhomben und ein Quadrat, wechselnd aufeinander folgen; aber warum das der Fall ist, kann man nur durch die Konstruktion einer identischen Würfelgestalt erklären. Man wird vielleicht die Feststellungen zu trivial und selbst-

---

[72] Vgl. *Schlick*, Positivismus und Realismus (Gesammelte Aufsätze 1938, S. 88). Zur Kritik des Phänomenonalismus W. *Stegmüller*, Der Phänomenonalismus und seine Schwierigkeiten (Archiv f. Philosophie, 8. 1958). Die amerikanische Literatur zur Kritik des Phänomenonalismus bei *H. Feigl*. Minnesota Studies in the Philosophy of Science. II. S. 427*.

verständlich finden als daß es dafür stünde, sie auszusprechen. Aber durch sie wird die Unentbehrlichkeit des Realismus unleugbar. Mit den auftretenden und wieder verschwindenden Wahrnehmungen allein auszukommen, ohne Ergänzung durch Unwahrgenommenes, ist vollständig ausgeschlossen.

Der Phänomenalismus ist deshalb unzulänglich und darum unhaltbar. Wenn man eine objektive Wirklichkeit außerhalb der Wahrnehmungen aufgibt, kann man die vielfachen Beziehungen der Wahrnehmungen nur konstatieren, aber nicht erklären, d. h. aus einheitlichen Bedingungen nach Naturgesetzen ableiten. Dazu müssen die Wahrnehmungen durch kontinuierlich vorhandene Gegenstände und Vorgänge ergänzt werden. Diese Ergänzung ist die notwendige Voraussetzung für die Ableitbarkeit, die Erklärung, der Beziehungen zwischen den Wahrnehmungen.

Man kann diese Ergänzungen nicht als bloße gedankliche Hilfsmittel erklären, wie es seit *Mach* und *Duhem* und *Vaihinger* und in der Kopenhagener Schule der Quantenphysik der Instrumentalismus tut. Nach ihm sind alle Hypothesen und Theorien nur gedankliche Hilfsmittel, mit denen wir die beobachteten Erscheinungen in einen rationalen Zusammenhang bringen; sie dürfen nicht als Erkenntnis von Realität angesehen werden. Diese Auffassung führt zu einem Konventionalismus, der behauptet, daß man auf beliebige Weise eine gedankliche Ordnung der Erlebnisse herstellen könne und aus Denkökonomie die einfachste wähle. Aber bloße Hilfsvorstellungen wie das Tröpfchen- und das Schalenmodell des Atomkernes unterscheiden sich als solche deutlich von Hypothesen, die einen objektiven Zustand angeben wollen. In den Konstruktionen objektiver Gegenstände und Vorgänge, welche die Wahrnehmungen zu ergänzen bestimmt sind, werden gerade Existenz-Annahmen aufgestellt. Sie als rein gedankliche Hilfsmittel zu betrachten, steht in Widerspruch zu ihrem Sinn. Es würde damit die ergänzende Wirklichkeit, die sie einführen, wieder aufgehoben, sie fiele dadurch hinweg. Damit ist auch klar, daß es nicht einen bloß terminologischen Unterschied ausmacht, ob man die physikalische Theorie einer objektiven Körperwelt instrumentalistisch[73] oder realistisch[74] auffaßt.

Es ist wohl anzunehmen, daß keiner der Physiker, welche dem Instrumentalismus oder dem Phänomenalismus zuneigen, sich über die Konsequenzen im Klaren ist, welche diese Standpunkte haben, und sie

---

[73] Wie *E. Nagel*, The Structure of Science, 1961, und *G. Bergmann*, Outline of a Empirist Philosophy of Physics (Readings in the Philosophy of Science, ed. by *H. Feigl* and *M. Brodbeck*, 1953, S. 262 f.).

akzeptieren würde. Sie meinen mit den beobachtbaren Erscheinungen, auf welche sie die Quantenphysik beschränken wollen, wahrnehmbare körperliche Gegenstände und Vorgänge und verstehen sie im Sinn des naiven Realismus als selbständig vorhandene. Deshalb reden die Physiker von Teilchen und Wellen, von Ladungen und Kräften so als wenn es sie in Wirklichkeit gibt[75]. Diesen realistischen Aspekt hat *Weizsäcker* klar zum Ausdruck gebracht. Eine „Voraussetzung a priori" der Physik ist das, was er den „praktischen Realismus" nennt: „die Tatsache, daß uns nicht ‚Empfindungen an sich', sondern Wahrnehmungen von Dingen gegeben sind, und daß man in der Weise der klassischen Physik auch von gerade nicht wahrgenommenen Dingen unbedenklich reden darf. Dies ist ein relativ berechtigter Gebrauch des Ausdrucks ‚Ding an sich'. Seine Grenze ist die Grenze des praktischen Realismus[76]." Dieser besteht in der „Überzeugung, daß es wirkliche Dinge gibt, welche existieren, einerlei, ob sie wahrgenommen werden oder nicht. In diesem Sinne sind wir alle praktisch Realisten[77]." „Ich darf sogar soweit gehen, wissenschaftlich von Dingen zu reden, die ich nie gesehen habe (z. B. eine in einem fremden Laboratorium aufgestellte Versuchsanordnung, oder ein Kontinent, den ich noch nicht besucht habe), die nie jemand gesehen hat (... die inneren Teile der Erdkugel)[78]." „Der praktische Realismus ist die Haltung sowohl der klassischen wie der modernen experimentellen Praxis und zugleich *die theoretische Haltung der Quantenmechanik*[79]." *Weizsäcker* setzt diesen praktischen Realismus einem „metaphysischen" Realismus entgegen[80]. Diese Unterscheidung wird aber nichtssagend. Denn der metaphysische Realismus „besagt etwa: ‚Die Dinge existieren in Wirklichkeit.' ... Für den praktischen Realismus ist es eine reine Tautologie[81]." Aber andererseits hat *Weizsäcker* doch erklärt: „Indem wir

---

[74] Wie H. *Feigl*, Existenzial Hypotheses (Philosophy of Science, 17/1950), P. *Feyerabend*, An Attempt of a Realistic Interpretation of Experience (Proc. of the Aristotelian Society, 58/1958) G. *Maxwell*, The Ontological Status of Theoretical Entities (Minnesota Studies in the Philosophy of Science, III, 1962).
[75] So L. *De Broglie*, Physik und Mikrophysik, 1958, bes. S. 36 und 37, *Bohr*, Atomphysik und menschliche Erkenntnis, 1958, S. 32 f.; auch *Heisenberg*, Physik und Philosophie, 1959, Kap. IX.
[76] F. v. *Weizsäcker*, Zum Weltbild der Physik, 1843, S. 81 und 82.
[77] a.a.O., S. 66.
[78] Ebenda.
[79] a.a.O., S. 67.
[80] Ebenda.
[81] Ebenda.

den Begriff eines ‚Atoms an sich' bilden, zerrinnt er uns bereits wieder unter den Händen. Über das Atom an sich weiß die Physik überhaupt nichts aus Erfahrung[82]." Um einen Widerspruch zu vermeiden, darf man die „Dinge an sich" des „praktischen" Realismus („Dinge an sich im empirischen Verstande", wie *Kant* in der „Widerlegung des Idealismus" in der „Kritik der reinen Vernunft" sagt) nur für die Makrowelt gelten lassen, nicht für die atomare. Aber die Makrokörper sind doch aus den atomaren Bestandteilen aufgebaut. Der Unterschied liegt nur darin, daß bei diesen die Quanten-Anzahl sehr klein ist, bei jenen ungeheuer groß. Wie kann es in der Makrowelt Dinge an sich geben, wenn es keine in der Mikrowelt gibt? Es herrscht eine Art zweifache Wahrheit in Bezug auf die körperliche Welt: ein „praktischer" Realismus in Bezug auf die klassische Physik und die Experimente auf der einen Seite, und ein theoretischer Agnostizismus in Bezug auf die Atom-Physik auf der anderen. Wie der mathematische Formalismus der Quantenphysik empirisch zu interpretieren ist, darüber besteht gegenwärtig keine Klarheit. Wenn er auf „Beobachtungen" bezogen wird, dann resultiert ein Phänomenalismus ohne objektive Realität. Wie er realistisch interpretiert werden kann, ist wegen der Dualität von Partikel und Welle problematisch. Denn es läßt sich weder die Interpretation als Partikel wegen der Beugungs- und Interferenz-Erscheinungen ausschließlich durchführen noch die als Welle wegen der korpuskularen Erscheinungen, und die „Komplementarität der beiden gibt keine Lösung, sondern resigniert nur auf eine Bestimmung des Mikrobereiches[83]. Über die Art ihres Gegenstandes ist die Physik heute nicht im Klaren.

Realismus, Phänomenalismus und Solipsismus sind alle drei Theorien der möglichen Erkenntnis, oder richtiger: nur grundsätzliche Konzeptionen, weil ihnen der axiomatische Aufbau, der für eine Theorie wesentlich ist, noch fehlt. Aber der Realismus ist den anderen weit überlegen, er ist die weitaus leistungsfähigere „Theorie". Denn er allein gibt die Möglichkeit einer umfassenden Ableitung und damit Erklärung der Erlebnisse. Der Phänomenalismus und erst recht der Solipsismus sind dazu nicht imstande.

---

[82] a.a.O., S. 79.
[83] Vgl. *B. Juhos*, Die erkenntnislogischen Grundlagen der modernen Physik, 1967, S. 225 f.

5. Objektive Existenz

Wenn man sich nicht begnügen will, zahllose Wenn-dann-Beziehungen von Wahrnehmungen festzustellen, sondern wenn man sie erklären, d. i. gesetzmäßig ableiten will, muß man dazu Gegenstände einführen, die vorhanden sind, ohne wahrgenommen zu werden. Das setzt den Begriff einer anderen *Existenz* als der des Wahrgenommenen voraus. Dieser Begriff wird gebildet, indem aus dem, was gegenwärtig ist, das Vorhandensein als etwas in allem diesem Gleiches, allem diesem Gemeinsames herausgehoben wird. Es wird von den vorliegenden Inhalten abgelöst und für sich erfaßt. Das so abstrahierte Vorhandensein ist damit nicht mehr auf vorliegende Inhalte beschränkt, sondern es kann nun über das, was vorliegt, hinaus ausgedehnt werden. Es kann dadurch die Existenz von etwas, das *nicht* vorliegt, behauptet werden, eine Existenz „an sich". Das ist eine gedankliche Neuschöpfung, die einen Schritt vor größter Tragweite ermöglicht. Dadurch können Gegenstände und Vorgänge, körperliche und seelische, als vorhanden angenommen werden, ohne daß sie wahrgenommen werden. Der Begriff einer objektiven Existenz kann somit klar definiert werden, als das Vorhandensein von etwas, das nicht gegenwärtig ist.

VIII. Die Bedingungen der Gültigkeit von Konstruktionen

1. Ableitbarkeit der Wahrnehmungen

Wenn so die Existenz von konstruierten nicht-wahrgenommenen Gegenständen behauptet werden kann, ist es von entscheidender Wichtigkeit, wie solche Behauptungen als gültig begründet werden können. Es müssen die Bedingungen dafür klar sein, es muß aufgewiesen werden, wann die Konstruktion einer objektiven Realität gültig ist. Denn Konstruktionen sind an und für sich bloß gedankliche Bildungen, Erfindungen. Sie tragen von vornherein keine Gewähr in sich, mehr als das, Erkenntnis zu sein. Es gibt eine Menge von Konstruktionen, die willkürlich und haltlos sind. Es sind die Geister und die Götter und die Fabelwesen, die Weltentstehungsmythen und die Magie. Aber auch im Bereich der Wissenschaften gibt es Konstruktionen, die unhaltbar sind, das Phlogiston, den Äther, die Entelechie. Die metaphysischen Systeme der Philosophie sind typische Konstruktionen. Daß die einen Konstruktionen eine

1. Ableitbarkeit der Wahrnehmungen

neue Wirklichkeit außerhalb der Erlebnisse ergeben, die anderen nicht, kann nicht dadurch entschieden werden, daß man feststellt, ob es das Konstruierte „wirklich gibt", d. h. daß dem Gedachten etwas Nichtbloß-Gedachtes entspricht. Denn eine solche Wirklichkeit „an sich" kann nicht direkt festgestellt werden. Das wird durch ihren Begriff als eine Wirklichkeit außerhalb der unmittelbar vorliegenden ausgeschlossen. Die einzige Wirklichkeit, die uns zur Vergleichung zur Verfügung steht, sind die Erlebnisse. Und unter diesen sind es die Wahrnehmungen, die für die Konstruktionen wesentlich sind. Eine Konstruktion kann nur indirekt als gültig erwiesen werden.

Die Bedingungen für die Gültigkeit einer Konstruktion werden daraus ersichtlich, warum überhaupt Konstruktionen aufgestellt werden. Sie haben den Zweck, die regelmäßigen Beziehungen der Wahrnehmungen zu erklären. Dazu dienen aber auch die phantastischen, irrealen Konstruktionen, wenn sie nicht aus Angst und dem Gefühl der Ohnmacht hervorgegangen sind oder zur Wunscherfüllung oder zum Trost geschaffen sind. So sollte auch durch das Phlogiston die Verbrennung erklärt werden und durch den Äther als ein schwingendes Medium die Lichtwellen und durch die Entelechie das ganzheitliche Wachstum und die Regulation. Aus der Absicht der Erklärung ergibt sich kein Unterschied unter den Konstruktionen. Er erwächst erst daraus, ob und wie Konstruktionen eine Erklärung leisten.

Erklärung im wissenschaftlichen Sinn besteht darin, daß gegebene (empirische) Aussagen aus Gesetzen und speziellen Bedingungen logisch abgeleitet werden können[84]. Aus der konstruierten Gestalt eines Würfels (und speziellen und allgemeinen Bedingungen) lassen sich seine perspektivischen Ansichten ableiten. Aus der Konstruktion eines Gewittergottes können hingegen die Wahrnehmungen von Blitz und Donner nicht logisch abgeleitet werden, so, warum es mit dem Blitz zusammen donnert. Aus der Entelechie als einem psychoiden ganzmachenden Faktor sind die Vorgänge der Regulation nicht abzuleiten. Die Entelechie besagt nur summarisch, daß diese Vorgänge eine Ursache haben.

Durch eine Konstruktion sollen nicht bloß diejenigen Wahrnehmungen erklärbar sein, zu deren Erklärung sie aufgestellt ist, sondern es sollen

---

[84] Vgl. *Hempel* & *Oppenheim*, The Logic of Explanation (Readings in the Philosophy of Science, ed. by *M. Feigl* & *M. Brodbeck*, 1953, S. 319 f.). Dazu Kritik von *M. Scriven*, Explanation, Prediction and Laws (Minnesota Studies in the Philosophy of Science, III, 1962). Und Antikritik von *M. Brodbeck*, Explanation, Prediction and „Imperfect" Knowledge, ebd.

auch noch andere zugehörige Tatsachen, neu aufgefundene oder nicht herangezogene, abzuleiten sein. Aus einer Konstruktion können aber nicht nur gegebene Wahrnehmungen erklärt werden, sondern es können auch Voraussagen darüber abgeleitet werden, welche Wahrnehmungen, und überhaupt Erlebnisse, auf Grund vorliegender zu erwarten sind. Und es können aus ihnen auch Rückschlüsse auf Tatsachen, die schon vergangen sind oder bisher unbekannt waren, abgeleitet werden. Beim Rückschluß von gegenwärtigen Tatsachen auf vergangene (z. B. von Karen in der Gipfelregion auf ehemalige Gletscher darin) müssen auch Folgerungen aus den erschlossenen Tatsachen (Klima- oder Niederschlagsänderung) ihre Bestätigung finden, die wieder schließlich entsprechende Wahrnehmungen erfordert (z. B. Pollenfunde). Wenn eine Konstruktion all das leistet, ist sie gültig, wenn sie nicht dazu imstande ist, ungültig. Die abergläubischen und die wissenschaftlich unzulänglichen und die metaphysischen Konstruktionen können das nicht leisten und erweisen sich dadurch als ungültig.

2. Die Voraussetzungen der Ableitung

Für die Ableitung einer Erklärung oder einer Voraussage oder eines Rückschlusses aus einer Konstruktion sind mehrfache Voraussetzungen erforderlich. Die Konstruktion ist nur eine davon. Um die perspektivischen Ansichten eines Würfels aus seiner objektiven Gestalt ableiten zu können, muß man dazu außer dieser auch noch die Gesetze der geometrischen Optik und Licht und die Positionen des Würfels und des Betrachters und die normale Funktion von dessen Sinnesorgan und der Nervenbahn voraussetzen. Die Voraussetzungen für die Ableitung müssen bereits als gültig feststehen. Die berühmte Bestätigung der Vorhersage des Neptun durch seine tatsächliche Beobachtung hatte zur Voraussetzung, daß das Fernrohr zur richtigen Zeit richtig eingestellt war und richtig funktioniert hat und daß der Beobachter verläßlich war. Für die Begründung der Gültigkeit dieser Voraussetzungen sind wieder bereits gültige Voraussetzungen notwendig. So ergibt sich anscheinend ein regressus in inf.

a) Die Gegenstände des naiven Realismus

In genetischer Hinsicht gibt es eine Grundlage dafür. Wir kennen eine Menge von Gegenständen, welche etwas anderes sind als bloße Wahrnehmungskomplexe, welche außer den Wahrnehmungen dauernd existieren. Es sind die einem jedem wohlbekannten Gegenstände seiner

2. Die Voraussetzungen der Ableitung

näheren und weiteren Umgebung, seine Kleider, seine Geräte, Häuser, Pflanzen, Tiere, seine Mitmenschen, und vor allem der eigene Leib. Es sind Konstruktionen von nicht wahrgenommenen Gegenständen. Sie werden zum Wahrgenommenen hinzugedacht. Die regelmäßigen Zusammenhänge der Sinnesdaten, welche die phänomenalen Gegenstände bilden, werden zu identischen Gegenständen, Individuen in Beziehung gesetzt, welche gegenüber den wechselnden Wahrnehmungen dauernd vorhanden sind. Es sind einheitliche Gestalten von bestimmter Größe mit selbständigen Eigenschaften. Dadurch können die verschiedenen Wahrnehmungen einem und demselben Gegenstand zugeordnet werden. In diesem ist eine einheitliche Bedingung für die regelmäßig miteinander zusammenhängenden Sinneseindrücke aufgestellt. Es wird eine leuchtende Scheibe gesehen, die erscheint und wieder verschwindet, immer in der gleichen Weise (die Sonne). Die wiederkehrende Scheibe wird nicht als eine neue, sondern als dieselbe betrachtet, die nicht aufgehört hat, zu existieren, als ein identischer Gegenstand, der da ist, auch wenn er nicht wahrgenommen wird. Durch die je nach den Umständen wechselnden und gleichartig wiederkehrenden Sinneseindrücke wird eine bestimmte Gestalt als die passende determiniert d. i. als diejenige, auf die sich die verschiedenen Wahrnehmungen allein zurückführen lassen, aus ihr erklären lassen. Die Zweige und Äste eines kahlen Baumes überschneiden und überdecken sich im Gesichtsbild, aber im Wechsel der Bilder lösen sie sich teilweise voneinander los, teilweise bleiben sie zusammenhängend, besonders mit dem Stamm. Daraus ergibt sich eine bestimmte dreidimensionale Gestalt. So werden auch auf Grund von Wahrnehmungen von Gestalten bestimmter Art nicht nur Leiber von Mitmenschen angenommen, sondern mit diesen werden auch fremde Erlebnisse verknüpft und dadurch werden die Wahrnehmungen des Verhaltens auf Bedingungen zurückführbar und als Mitteilungen deutbar; sie werden durch diese Verknüpfung mit etwas, das nicht wahrnehmbar ist, erklärbar. Durch diese Konstruktionen identischer Gegenstände werden einheitliche Bedingungen für die Wahrnehmungen eingeführt, aus denen sie sich erklären lassen.

Aus der erfolgreichen Konstruktion solcher Gegenstände geht eine Funktion der Vergegenständlichung hervor. Auch neu auftretende Wahrnehmungen, die von einer ähnlichen Art sind wie die der wohlbekannten Gegenstände, werden als solche von selbständigen Gegenständen aufgefaßt und nicht als bloße subjektive Erscheinungen, ohne daß man den Gegenstand bereits näher kennt, so eine ungewohnte Erscheinung als ein neuartiges Gerät.

VIII. Die Bedingungen der Gültigkeit von Konstruktionen

Die wohlbekannten Gegenstände sind Konstruktionen, von deren Gültigkeit wir überzeugt sind. Daran zu zweifeln, daß mein Leib, meine Wohnung, meine Mitbewohner selbständig existieren, daß sie etwas von ihrem Wahrgenommen-werden Verschiedenes sind, ist ernsthaft nicht möglich. Es ist ausgeschlossen, daß sie bloße Bilder sind, die auftreten und wieder aufhören, zu sein. Woher diese Gewißheit? Man hat immer wieder erlebt, daß die konstruierten Gegenstände mit den Wahrnehmungen übereinstimmen, ohne daß eine Gegeninstanz eingetreten wäre. Wenn neue abweichende Wahrnehmungen aufgetreten sind, hat man die Übereinstimmung immer wieder herstellen können: entweder dadurch, daß man angenommen hat, daß im konstruierten Gegenstand eine Änderung vor sich gegangen ist (so wenn der kahle Baum grüne Blätter erhält oder wenn die grünen Blätter gelb werden); oder die andersartigen Wahrnehmungen werden durch das Dazwischentreten anderer Umstände mit dem konstruierten Gegenstand vereinbar (so wenn ferne grüne Berge infolge von Dunst grau erscheinen).

Diese Gewißheit der wohlbekannten Gegenstände beruht auf dem Wissen von dem regelmäßigen Zusammenhang von Sinnesdaten mit anderen auf Grund von vielfachem Erleben und ferner auf dem Wissen, daß die tatsächlichen Wahrnehmungen bisher immer mit den Konstruktionen der wohlbekannten Gegenstände übereingestimmt haben, und außerdem auch noch auf der Voraussetzung, daß jener Zusammenhang und diese Übereinstimmung gesetzmäßig sind. (Siehe dazu S. 72.)

Weil so die Gewißheit der wohlbekannten Gegenstände darauf beruht, daß ihre Übereinstimmung mit den Wahrnehmungen vielfach erlebt worden ist, sind sie *persönlich* wohlbekannte und darum persönlich verschiedene. Für den Angehörigen einer niederen Kulturstufe sind es andere als für den einer höheren und für Angehörige derselben Kulturstufe verschieden nach den Berufen. Aber nur die Auswahl der Gegenstände ist subjektiv; die Gegenstände selbst sind objektiv gemeint. Und durch Mitteilung und Übernahme und intersubjektive Übereinstimmung werden sie Gemeingut und überpersönlich. Sie schließen sich zu einer festen räumlich-zeitlichen Anordnung zusammen und ergeben damit unsere gemeinsame Umgebung.

Aber diese wohlbekannten Gegenstände sind die des naiven Realismus. Sie können nicht einfach als Grundlage dienen. Ihre Bestimmung reicht dazu nicht hin. Ihre Eigenschaften sind nur zum Teil objektiviert, nur soweit als sie in gesetzmäßigen Beziehungen zwischen wohlbekannten Gegenständen bestehen, wie fest, elastisch, giftig. Aber es werden ihnen vor allem sinnesqualitative Eigenschaften zugeschrieben; sie sind farbig, tönend, warm oder kalt... Diese Beschaffenheiten treten aber nur unter der Voraussetzung von Sinnesorganen auf. Wenn die Gegenstände aber unabhängig davon, daß sie wahrgenommen werden, existieren, können sie nicht mit diesen Eigenschaften ausgestattet sein. Und zu den wohlbekannten Gegenständen gehören vielfach auch Geister und animistische Wesen. Nicht nur der Primitive, sondern auch der Abergläubische ist von ihrem Dasein ebenso überzeugt wie von dem seiner Mitmenschen. Die vorwissenschaftlichen Konstruktionen des naiven Realismus bedürfen erst einer Überprüfung und Berichtigung und einer Weiterführung und Begründung durch die Wissenschaft. Aus dem naiven Realismus wird die grundsätzliche Konzeption objektiver Gegenstände als einheitlicher Bedingungen der Wahrnehmungen übernommen und deren Bestimmung als identische Gestalten. Die makroskopischen Gestalten bleiben als Abgrenzungen der Raumbereiche, in denen die Elementarteilchen lagern und sich bewegen, bestehen. Aber durch die Wissenschaft wird erst die Beziehung der Wahrnehmungen zu ihren einheitlichen Bedingungen durch ihre Ableitbarkeit exakt gefaßt und die Eigenschaften und Beziehungen der identischen Gegenstände werden erst objektiv bestimmt und durch sie wird erst die Gültigkeit einer Konstruktion in ihrer Begründung klargestellt.

b) Die wissenschaftliche Bestimmung der objektiven Wirklichkeit in einer Theorie

Die objektiven Gegenstände werden durch neu gebildete Begriffe bestimmt, wie sie früher (S. 51 f.) dargelegt worden sind. Diese sind aus dem sinnlich Gegebenen durch abstraktive Isolierung und Modifikation durch Anforderungen hervorgegangen. Aus wahrgenommener Bewegung können Arten der Bedingtheit von Bewegung wahrgenommener Gegenstände begrifflich erfaßt und unterschieden werden, wie es für die Begriffe von Masse und Kraft, von objektiver Gestalt u. a., von objektiver Existenz dargelegt worden ist (S. 56 f.). So werden für die wahrgenommenen Zusammenhänge von Zuständen und Vorgängen der phänomenalen Gegenstände einheitliche Bedingungen konstruiert, dreidimensionale Gestalten, makroskopische, und kleinste räumliche Elemente, atomistische, und Eigenschaften dieser Gegenstände. Diese Eigenschaften können allerdings nicht qualitativ bestimmt werden. Wie Masse, wie Elektrizität qualitativ beschaffen ist, läßt sich nicht sagen. Aber diese Beschaffenheiten können durch räumliche und zeitliche Bestimmungen eindeutig gekennzeichnet werden. Damit die Messung feste, invariante Ergebnisse liefern kann, werden an sie Anforderungen gestellt. Für die Längenmessung soll der Maßstab starr sein, für die Zeitmessung soll die periodische Bewegung eine gleichförmige sein. Das sind Forderungen von idealen Verhältnissen, die im Bereich der Wahrnehmungsgegenstände nicht realisierbar sind. Ebenso wird in der kräftefreien, gleichförmigen geradlinigen Bewegung eine ideale Form der Bewegung aufgestellt. Die Konstruktion der objektiven Gegenstände und ihrer Eigenschaften und Beziehungen basiert auch noch auf einer anderen Konzeption, die über alle Wahrnehmung grundsätzlich hinausgeht.

Die Beziehungen der Wahrnehmungen, welche der Aufstellung der physikalischen Begriffe zugrunde liegen, werden als regelmäßig wiederkehrende erlebt. Aber diese Regelmäßigkeit der Beziehungen ist auf die Vergangenheit beschränkt; bis jetzt war es so. Diese Erfahrungen reichen immer nur bis zur jeweiligen Gegenwart. Sie bleiben immer historische Fälle. Ob die Übereinstimmung der Konstruktionen mit den Wahrnehmungen auch weiterhin bestehen wird, ob die Konstruktionen auch in der Zukunft bestätigt werden, darüber sagen die bisherigen Erfahrungen gar nichts. Was in der Zukunft geschehen wird, kann man aus dem was bisher war, nicht erschließen, dazu müßte man zeitlose *Gesetzmäßigkeit* als gültigen Obersatz zugrundelegen können. Aber eine solche Gesetzmäßigkeit läßt sich durch Erfahrungstatsachen nicht erweisen. Denn durch sie kennt man nur eine Gesetzmäßigkeit, die bisher bestanden hat. Man müßte das, was man erweisen will, schon voraussetzen. Es wäre eine klare pet. princ. Die Zukunft ist selbst bereits eine Konstruktion. Sie ist die unbeweisbare Annahme, daß sich das Geschehen immer wieder fortsetzt. Erleben kann man nur die Erwartung dessen in der Gegenwart. Die Konstruktion der Zukunft wird dadurch bestätigt, daß Voraussagen eintreffen; aber das kann man immer nur in der Gegenwart konstatieren. Für Aussagen über die Zukunft kann die Erfahrung nicht einmal eine Wahrscheinlichkeit geben. Denn die Zukunft ist eine Extrapolation.

Aber wir können uns nicht mit der Feststellung dessen, was bisher war, mit einer Geschichte begnügen. Denn wir müssen voraussehen, um uns demgemäß zu verhalten. Dazu müssen wir eine Extrapolation aus der Vergangenheit vornehmen und dazu müssen wir eine zeitlose Gesetzmäßigkeit zugrundelegen können. Eine solche läßt sich aber durch Erfahrungstatsachen nicht begründen. Die Verallgemeinerung der bisherigen Gesetzmäßigkeit zu einer zeitlich unbeschränkten kann man nicht durch Induktion erreichen. Denn aus den eben angeführten Gründen ist sie als ein logisch stringentes Verfahren unmöglich.

2. Die Voraussetzungen der Ableitung

Die Extrapolation beruht auf dem Grundsatz: Unter gleichen Bedingungen geschieht Gleiches. Um aber mit dem Begriff der Bedingung nicht schon Gesetzmäßigkeit vorauszusetzen, wodurch der Satz zu einer Tautologie würde, ist es besser, nur von Umständen zu sprechen. Der Grundsatz ist nicht denknotwendig. Denn es ist durchaus denkbar, daß unter denselben Umständen einmal dies, dann jenes erfolgt. Es könnte auch Regellosigkeit herrschen: oder es könnte eine Gesetzmäßigkeit eine zeitlang bestehen und dann wieder aufhören. Daß unter gleichen Umständen Gleiches geschieht, zeitlich unbeschränkte Gesetzmäßigkeit, kann nur als eine Annahme aufgestellt werden.

Aber gegen diese Annahme kann ein Einwand erhoben werden, der sie anscheinend unmöglich macht. Alles was geschieht, ist nie ganz gleich, denn es ist individuell und damit verschieden. Es gibt deshalb keine Umstände und keinen Erfolg, die als gleiche wiederkehren. Aber das individuelle Sein und Geschehen ist doch nicht völlig heterogen; es gibt *teilweise* Gleichartigkeiten darin, die in allgemeinen Begriffen erfaßt werden. Und darum gibt es generell gleiche Umstände und generell gleichen Erfolg. Die individuelle Besonderheit wechselt, aber eine generelle Beschaffenheit bleibt darin gleich. Die individuellen Umstände der einzelnen Fälle lassen sich in Klassen einordnen. Es sind nun Glieder dieser *Klassen*, welche die Bedingungen für eine bestimmte Beziehung bilden. Weil es sich nicht um die individuellen Umstände der einzelnen Fälle handelt, sondern um die Klassen derselben, können so die *allgemeinen* Bedingungen einer Beziehung erkannt werden. So wird Gesetzmäßigkeit möglich.

Der Grundsatz, daß unter gleichen Umständen Gleiches geschieht, kann nicht als eine Hypothese aufgestellt werden. Denn man kann für sie auch nicht die geringste Wahrscheinlichkeit begründen. Denn alle ihre Bestätigungen gehören immer nur der Vergangenheit an. Über das, was über diese hinausgeht, kann damit nichts festgestellt werden, das bleibt gänzlich im Ungewissen. Aber der Grundsatz des gleichen Erfolges unter gleichen Umständen zeitlich unbeschränkte Gesetzmäßigkeit ist unentbehrlich, um die Kenntnis der Vergangenheit zur Bestimmung des Künftigen verwerten zu können. Sonst wüßte man nicht, ob ein Flugzeug in der Luft schweben bleiben wird oder abstürzt, ohne daß eine Störung eingetreten ist. Deshalb muß man den Grundsatz der unbeschränkten Gesetzmäßigkeit als allgemein gültigen zugrundelegen. Aber man kann ihn nur dogmatisch behaupten, man kann ihn nicht theoretisch begründen. Der Grund für seine Aufstellung liegt nur darin, daß wir uns nicht mit der Erkenntnis der Vergangenheit begnügen können, sondern durch sie auch das Kommende bestimmen wollen. Das ist eine Zielsetzung und zur Erreichung dieses Zieles ist es notwendig, den Grundsatz einzuführen und anzuerkennen. Das ist ein Entschluß, keine Erkenntnis. Der Entschluß wird *motiviert* durch die Zielsetzung und durch die Erkenntnis der Bedingung für ihre Verwirklichung. Auf diese Weise erhält der Grundsatz, der die Grundlage für die unentbehrliche Extrapolation bildet, eine absolute Gültigkeit. Man kann nicht umhin, ihn vorauszusetzen. Es ist eine pragmatische Begründung, keine theoretische. So löst sich das Problem der induktiven Verallgemeinerung[85]. Es ist nicht eine Sache der Gewohnheit, daß wir unter gleichen Umständen das gleiche Ergebnis erwarten, sondern eine notwendige theoretische Voraussetzung, die zur Extrapolation aus der Vergangenheit unumgänglich notwendig ist. Und es ist nicht bloß eine versuchsweise Annahme, wie *Feigl* und *Reichenbach* meinen. Man muß sie als so gewiß voraussetzen, daß man sein Leben daraufhin riskieren kann, indem man ein Flugzeug besteigt.

Durch die Voraussetzung der Gesetzmäßigkeit wird es erst möglich, Naturgesetze aufzustellen. Die Glieder der Naturgesetze bilden konstruierte Gegenstände und deren objektive Eigenschaften, z. B. Masse und Entfernung für das Newton'sche Gravitationsgesetz, ebenso die Energie als eine Bedingung für die Änderung des Zustandes eines Systems von objektiven Gegenständen, die dazu notwendige „Arbeit", für das Gesetz der Erhaltung der Energie. Die Naturgesetze bestehen also zwischen konstruierten Gegenständen, sie sind Beziehungen zwischen selbständig erdachten Faktoren, nicht zwischen Wahrnehmungskomplexen.

Die Analyse der Erkenntnis der objektiven Körperwelt hat somit ergeben, daß diese nicht auf Erfahrung allein, auf bloßer Feststellung von Wahrnehmungsbeziehungen beruht, sondern auch auf gedanklichen Neuschöpfungen. Diese sind Konstruktionen mittels selbständig gebildeter Begriffe, die definitorisch durch Festsetzung aufgestellt werden, und eine Voraussetzung der Gesetzmäßigkeit, die nicht anders als durch ihre praktische Notwendigkeit begründet werden kann. In den Konstruktionen objektiver Gegenstände werden einheitliche Bedingungen für die tatsächlichen Wahrnehmungen aufgestellt, aus denen diese abgeleitet werden können. Die physikalisch bestimmte Körperwelt wird als ein System dieser

---

[85] Vgl. *H. Feigl*, On the Vindication of Induction, 1961 (Philosophy of Science, 28). The Logical Charakter of Induction (Philosophy of Science, I, 1934).

Konstruktionen aufgebaut. Dieses System muß in der Form einer Theorie aufgestellt werden. Die Konstruktionen werden als ihre Grundlagen eingeführt und daraus Folgerungen deduktiv abgeleitet, die schließlich zu Wahrnehmungen führen. So ergibt sich, daß die Erkenntnis einer objektiven Körperwelt sich in der Form einer *Theorie* aufbaut. So wird ein regr. i. inf. (S. 68) vermieden. Eine Theorie — das ist das ideale Ziel, das die Erkenntnis leitet. Die *tatsächliche* Erkenntnis entwickelt sich in Hypothesen und einzelnen (wenigen) Theorien. Daß sie sich zu einem einheitlichen System zusammenschließen, ist wieder eine ideale Forderung.

Die Konstruktion einer objektiven Körperwelt wird durch die Konstruktion fremder Erlebnisse ergänzt, die ebenfalls über das selbst Wahrnehmbare grundsätzlich hinausgeht. Damit wird eine objektiv reale psychophysische Welt konstruiert. Die Kulturwissenschaften setzen die Naturwissenschaften und damit die Theorie voraus, weil sie auf Grund von Naturgesetzen ihre Schlüsse ziehen.

3. *Die Begründung der Gültigkeit*

Die Konstruktion einer objektiven Welt wird aufgestellt, um die Beziehungen des Wahrnehmbaren auf einheitliche Bedingungen zurückzuführen und dadurch eine einheitliche invariante Ordnung in ihnen zu schaffen. Deshalb erhält sie ihre Gültigkeit dadurch, daß sie diese Ordnung tatsächlich herzustellen vermag, d. h. daß durch sie das Wahrgenommene in einen gesetzmäßigen Zusammenhang eingeordnet werden kann. Deshalb wird die Gültigkeit einer Konstruktion dadurch begründet, daß zwischen ihr und den zugehörigen Wahrnehmungen Übereinstimmung besteht, daß die aus ihr ableitbaren Wahrnehmungen mit den tatsächlichen übereinstimmen. Die Voraussetzungen für die Ableitung werden durch die Theorie gegeben; sie werden innerhalb der Theorie entwickelt. So werden die Voraussetzungen für die Ableitung der perspektivischen Ansichten eines Würfels (S. 68): die Gesetze der geometrischen Optik und der Projektion und die Koordinaten des Standpunktes eines Wahrnehmenden, als theoretische Ansätze eingeführt; oder die Voraussetzungen für die Ablenkung von Lichtstrahlen in einem Schwerefeld. Aus den Voraussetzungen werden Folgerungen abgeleitet und für diese muß man die Entsprechungen in der Wahrnehmungswelt aufsuchen. Weil die Voraussetzungen für die Ableitung durch theoretische Ansätze gegeben werden und nicht durch Wahrnehmungsergebnisse, besteht insofern kein regr. i. inf. und kein Zirkel. Denn eine Theorie wird dadurch gebildet, daß Grundbegriffe und Grundsätze einfach als Voraussetzungen eingeführt werden und daraus deduktiv Theoreme abgeleitet werden. Aber die Theorie selbst muß begründet werden und das geschieht dadurch, daß aus ihr wahrnehmbare Erscheinungen abzuleiten sind, weil die Konstruktionen zu Wahrnehmungen in Beziehung stehen, und daß diese abgeleiteten Wahrnehmungen mit den entsprechenden tatsächlichen übereinstimmen. Die Gültigkeit der ganzen Theorie einer objektiven Welt erfordert die Gültigkeit aller Hypothesen und einzelnen Theorien, aus denen sie sich aufbaut.

Diese Übereinstimmung kann nicht durch eine einzelne Beobachtung festgestellt werden, durch eine „Konstatierung", wie sie *Schlick* als „das Fundament der Erkenntnis" erklärt hat[86]. Nach den Beispielen *Schlicks* sind es Aussagen über gegenwärtig erlebte Sinneseindrücke: „Hier fallen zwei schwarze Punkte zusammen", „Hier jetzt Schmerz". Solche Aussagen seien immer wahr, außer wenn sie erlogen sind. Aber das trifft nicht zu. In solchen Ausdrücken werden Sinneseindrücke durch ihre Bezeichnung unter Begriffe subsumiert. Denn die Bezeichnung benennt nicht den einzelnen individuellen Sinneseindruck, sondern eine Klasse von solchen und ordnet den einzelnen Sinneseindruck in diese Klasse ein. Man sagt deshalb: ich sehe *einen* schwarzen Punkt, nicht: *den* schwarzen Punkt. Deshalb können solche Aussagen auch falsch sein, wenn die Subsumption nicht zutrifft, was z. B. bei Aussagen über Farbennuancen oder bei Berichten über Schmerzen nicht selten der Fall ist.

Eine Aussage über ein gegenwärtiges Erlebnis, wie sie mit einer „Konstatierung" gemeint wird, ist nur gültig, wenn sie aufrichtig und sprachlich richtig ist. Daß sie aufrichtig ist, weiß der Aussagende unmittelbar, aber nur er allein, nicht auch der Hörende. Dieser muß Gründe dafür haben, wenn er die Ehrlichkeit des Aussagenden annimmt. *Galle*, der zuerst das Bild des Neptun im Fernrohr konstatiert hat, war als verläßlicher Beobachter bekannt. Es kann sich aber auch durch Widerspruch mit feststehenden Aussagen herausstellen — in einer Gerichtsverhandlung z. B. — daß eine Aussage nicht aufrichtig war, also durch ihren logischen Zusammenhang mit anderen Aussagen. Ein Erlebnis ist dann sprachlich richtig ausgedrückt, wenn die semantischen (und die syntaktischen) Regeln der betreffenden Sprache befolgt sind. Wenn sich der

---

[86] *M. Schlick*, Über das Fundament der Erkenntnis (Gesammelte Aufsätze, 1938). Ebenso *B. Juhos*, Negationsformen empirischer Sätze (Erkenntnis 6/1936). Erkenntnisformen in Natur- und Geisteswissenschaften, 1940.

3. Die Begründung der Gültigkeit 77

Aussagende einer ihm fremden Sprache bedient, kann eine Erlebnisaussage leicht falsch sein. Wenn er die Sprache beherrscht, ist er im allgemeinen der Übereinstimmung unmittelbar gewiß. Aber Erlebnisaussagen sind nur für den Erlebenden im Zeitpunkt des Erlebens als gültig unmittelbar gewiß. Um als Grundlage für Erkenntnis dienen zu können, muß ihre Aufrichtigkeit und sprachliche Richtigkeit auch für die Hörenden feststehen. Die Gewißheit oder Wahrscheinlichkeit dafür kann nur durch den logischen Zusammenhang einer Erlebnisaussage mit anderen, schon gültigen Aussagen erhalten werden.

Aber auch eine wahre Konstatierung genügt nicht zur Feststellung der Übereinstimmung von Theorie und Wahrnehmung. Denn es kommt darauf an, daß das Erlebnis eines Sinneseindruckes unter ganz bestimmten Umständen stattfindet. Der Lichtpunkt im Fernrohr des *Galle* mußte zu einer bestimmten Zeit gesehen werden und das Fernrohr mußte in einer bestimmten Richtung eingestellt sein. Was auf einer photographischen Aufnahme von Planetoiden zu sehen ist, sind wohl einfach schwarze Punkte und kurze schwarze Striche, also ein Sinnesdatum „hier jetzt so und so". Aber diese Konstatierung ermöglicht noch keineswegs die Feststellung von Planetoiden. Man muß auch wissen, daß dieses Bild auf einer photographischen Platte festgehalten ist, weshalb man weiß, daß genau dasselbe Bild immer wieder zu sehen ist. Und man muß auch wissen, daß das Bild durch eine photographische Aufnahme einer bestimmten Himmelsgegend erzeugt ist; als eine Tuschzeichnung wäre es wertlos. Zum Sinneseindruck muß also noch ein Wissen hinzukommen. Das „hier jetzt" in einer Konstatierung muß mit den bestimmten Umständen übereinstimmen. In einem „Protokollsatz", der die Konstatierung ersetzen sollte[87], z. B. „NN hat zur Zeit t am Ort O gesehen, daß ..." werden diese Umstände objektiv angegeben. Eine Konstatierung und ebenso ein Protokollsatz muß also in Zusammenhang mit anderen Aussagen stehen, welche die durch die Theorie bestimmten Umstände enthalten, er muß mit diesen übereinstimmen. Eine Konstatierung und ein Protokollsatz berichten beide nur über ein individuelles Erlebnis als einen historischen Fall. Ein solches kann noch keine Gewähr dafür geben, daß eine Theorie durch die Übereinstimmung einer aus ihr abgeleiteten Wahrnehmung mit einer tatsächlichen Wahrnehmung Gültigkeit erhält.

Es handelt sich dabei zumeist nicht einfach um einen Sinneseindruck, sondern um einen gegenständlich interpretierten, um eine Wahrneh-

---

[87] O. *Neurath*, Protokollsätze (Erkenntnis, Bd. 3). R. *Carnap*, Über Protokollsätze, ebd.

mung. Auch Aussagen über gegenwärtig erlebte Gegenstandswahrnehmungen können unmittelbar wahr sein, wenn sie bloß als Mitteilungen des persönlichen Erlebnisses genommen werden, z. B. die Aussagen über die Wahnbilder eines Geisteskranken. Damit eine Wahrnehmung zur Prüfung der Übereinstimmung zwischen den aus einer Theorie abgeleiteten Wahrnehmungen und den tatsächlichen geeignet ist, darf sie nicht ein bloß subjektives Erlebnis sein[88], sondern sie muß eine besondere Qualifikation haben. Die Ablenkung der Lichtstrahlen im Schwerefeld der Sonne gemäß der Relativitätstheorie mußte von allen Beobachtern konstatiert werden. Die Wahrnehmung muß intersubjektiv auftreten und sie muß auch für einen und denselben Beobachter sich als dieselbe wiederholen (so der Lichtpunkt im Fernrohr des *Galle*). Die Wahrnehmung muß sich unter bestimmten Umständen, die durch die Voraussetzungen der theoretischen Ableitung gegeben werden, *gesetzmäßig* einstellen. Die Wahrnehmungen, welche die Relativitätstheorie bestätigen, müssen sowohl mit den aus der Theorie abgeleiteten Wahrnehmungen als auch als die verschiedener Beobachter untereinander übereinstimmen. Die Gültigkeit wird somit erst durch einen *Zusammenhang* von Aussagen begründet, nicht durch eine einzelne Aussage. Eine solche kann für sich allein nur insofern Gültigkeit besitzen als sie als Konstatierung eines gegenwärtigen Erlebnisses unmittelbar gewiß ist. Aber eine solche Aussage reicht zur Erkenntnis eines objektiven Sachverhaltes nicht hin. Wenn man die Gültigkeit einer solchen Erlebnisaussage und die einer Aussage über eine objektive Tatsache als eine subjektive und eine objektive Gültigkeit unterscheidet, so liegt der Unterschied im Gehalt der Aussagen. Es ist die Gültigkeit eines subjektiven oder eines objektiven Sachverhaltes. Die Gültigkeit ist einerlei. Die Konstruktion einer objektiven Welt, wie sie in einer Theorie aufgestellt wird, erhält somit ihre Gültigkeit durch den sachlichen und logischen Zusammenhang ihrer Urteile.

Auch die Gültigkeit von Urteilen über nicht-wirkliche, rein gedankliche Sachverhalte, der logischen und der mathematischen und der normativen, der juristischen, moralischen, ästhetischen, beruht auf dem logischen Zusammenhang der Urteile. Sie erhalten Gültigkeit dadurch, daß sie bewiesen werden. Sie werden in deduktiven Systemen begründet. *Somit werden alle Urteile, deren Gültigkeit erwiesen werden muß, durch ihren Zusammenhang mit anderen Urteilen begründet.*

Für die Begründung der Gültigkeit genügt es nicht, daß über die Gültigkeit von Urteilen intersubjektive Übereinstimmung besteht, wie man

---

[88] Was *K. Popper* in der „Logik der Forschung", 1935, geltend gemacht hat.

gewöhnlich annimmt. Intersubjektive Übereinstimmung kommt dadurch zustande, daß ein Urteil nicht nur von einem oder einigen, sondern von allen für gültig *gehalten* wird. Intersubjektive Übereinstimmung ist auch bei Traditionsgebundenheit und bei Massen-Suggestionen und -Halluzinationen vorhanden. Aber die Übereinstimmung darf nicht an eine Zeit oder an einen sozialen Bereich gebunden sein; sie muß eine allgemeine und zeitlose sein. Das ist nur dann der Fall, wenn alle deshalb in einem Urteil übereinstimmen, weil sein Sachverhalt gesetzmäßig bestimmt ist. Die Gesetzmäßigkeit erweist sich in dem sachlichen und logischen Zusammenhang, in dem sein Sachverhalt mit anderen Urteilen steht.

Wenn Gültigkeit dadurch begründet wird, daß ein Urteil durch seinen logischen Zusammenhang mit anderen Urteilen eindeutig bestimmt ist, dann erscheint damit die *Kohärenztheorie* der Wahrheit vertreten. Diese besagt, daß es für die Gültigkeit nur auf die Widerspruchslosigkeit eines Systems von Aussagen ankommt. Diese ist auch für die hier gegebene Begründung der Gültigkeit maßgebend. Wenn die Gültigkeit nicht unmittelbar gewiß ist — und das ist sie nur für Urteile, die zur Begründung von objektiven Sachverhalten nicht genügen (siehe S. 77 f.) — dann muß sie diskursiv, durch den Zusammenhang mit anderen Urteilen festgestellt werden. Für ideelle Systeme trifft die Kohärenztheorie ohne weiters zu (so für die verschiedenen Geometrien)[89]. Aber für die Erkenntnis der Wirklichkeit muß eine Bedingung hinzutreten: Es sind nicht beliebige Urteile, auf deren widerspruchslosen Zusammenhang es ankommt, sondern es müssen unter ihnen immer auch Wahrnehmungsaussagen sein, mit denen die Urteile, welche die Konstruktionen und Theorien zusammensetzen, übereinstimmen müssen, und die Wahrnehmungen können nicht beliebig gewählt werden. Wahrnehmung ist für die Gültigkeitsbegründung von Konstruktionen und Theorien unentbehrlich. Sie läßt sich nicht durch Apparate ersetzen[90]. Die Anzeige eines Meßapparates muß ja abgelesen werden, ebenso das Diagramm eines selbstregistrierenden Apparates und ebenso das Resultat eines Computers. Es kommt immer schließlich auf Wahrnehmung an. Dadurch werden willkürliche Systeme, metaphysische und phantastische, ausgeschlossen. Der Einwand gegen die Kohärenztheorie, daß sie zu weit ist, weil sie beliebige Systeme als Erkenntnis zuläßt[89], wird durch die einschränkende Bedingung, daß

---

[89] Vgl. *M. Schlick,* Über das Fundament der Erkenntnis (Gesammelte Aufsätze, 1938, S. 296 und 297).
[90] Wie z. B. *W. Leinfellner,* Einführung in die Erkenntnis- und Wissenschaftslehre, 1965, S. 112, meint.

für die Wirklichkeitserkenntnis Wahrnehmungen eingeschlossen sein müssen, hinfällig.

Wenn die Erkenntnis objektiver Wirklichkeit als eine Theorie begründet wird und wenn diese ihre Gültigkeit durch die Übereinstimmung zwischen den aus ihr ableitbaren und den tatsächlichen Wahrnehmungen erhält, dann hängt sie von beiden Bedingungen ab. Wenn keine Übereinstimmung besteht, kann sie eventuell auch dadurch hergestellt werden, daß in den theoretischen Voraussetzungen für die Ableitung Änderungen vorgenommen werden. Über die Übereinstimmung entscheiden deshalb nicht ausschließlich die tatsächlichen Wahrnehmungen. Diese fallweise Möglichkeit hat der (radikale) *Konventionalismus* verallgemeinert und behauptet, daß die tatsächlichen Wahrnehmungen mit einer beliebigen Theorie in Übereinstimmung gebracht werden können und unter diesen werde nur die einfachste ausgewählt. So könne keine eindeutige Entscheidung über eine Theorie herbeigeführt werden. Aber um auf diese Weise eine Übereinstimmung zu erreichen, müßten Annahmen ad hoc gemacht werden, die sich nicht selbständig begründen lassen. Es wären willkürliche, haltlose Voraussetzungen. Dieser radikale Konventionalismus ist undurchführbar[91].

Eine objektive Welt, die noch außer den Erlebnissen existiert, ist eine Konstruktion einer Wirklichkeit, die ihrem Begriff nach nicht vorliegen kann. Sie kann nur gedacht, intentional bedeutet werden. Daß die konstruierte Welt existiert, kann nicht direkt festgestellt werden. Sie kann ja nie unmittelbar gegenwärtig sein, weil es eben eine andere Wirklichkeit als die erlebnisgegebene ist. Es gibt keine andere Gewähr für sie als daß sie mit der unmittelbar vorliegenden Wirklichkeit, der erlebten, durch einen logischen Zusammenhang mit ihr gedanklich verknüpft ist. Deshalb können wir nur *glauben,* daß die konstruierte Welt existiert; wir können nur davon überzeugt sein, d. h. unser Verhalten danach einrichten.

Aber auch der Primitive glaubt an die Existenz der Geister und ebenso der Spiritist; auch die Mythologien wurden und werden geglaubt. Aber für diesen Glauben gibt es keine rationalen Gründe, wie sie für die Konstruktion einer objektiven Welt in der Ableitbarkeit der Wahrnehmungen liegen. Es ist ein irrationaler Glaube, der nur durch emotionale und Wunsch-Motive fundiert ist. Die wissenschaftlich konstruierte Welt muß notwendig gedacht und anerkannt werden, weil sie die unentbehrliche

---

[91] Siehe *V. Kraft,* Mathematik, Logik und Erfahrung, 1947, II.

Voraussetzung dafür ist, daß eine umfassende Ordnung der Erlebnisse hergestellt werden kann. Deshalb können wir nicht umhin, zu denken und zu glauben, daß die erdachte Welt auch wirklich vorhanden ist.

Deshalb könnte die Konstruktion einer objektiven Welt mit *Kants* transzendentalem Idealismus gleichgesetzt werden, in dem Sinn, daß sie nur die Art und Weise darstellt, wie der menschliche Geist sich die Erscheinungen zurechtlegt, daß damit aber nicht eine Wirklichkeit, die außerhalb und unabhängig vom Erleben besteht, erkannt wird. Die transzendentale Idealität der konstruierten empirischen Welt kann nur behauptet werden, sofern eine transzendentale Realität vorausgesetzt wird, eine zweite Wirklichkeit außer der empirischen. Dadurch, daß die konstruierte Wirklichkeit auf diese zweite bezogen wird, kann behauptet werden, daß sie nur eine Schöpfung des menschlichen Geistes ist, die wegen ihrer subjektiven Bedingtheit (durch die Anschauungsformen und Kategorien) keine Erkenntnis der Wirklichkeit „an sich" sein kann. Aber die vorausgesetzte zweite Wirklichkeit, die transzendente, ist selbst nichts anderes als eine Konstruktion. Sie ist ja nicht irgendwie vorgegeben, sondern auch nur gedanklich konzipiert. Aber es ist eine Konstruktion, die gänzlich unbegründbar ist, weil sie als unerkennbar erklärt wird. Es ist eine metaphysische Konstruktion paradigmatischer Art, willkürlich aufgestellt, dogmatisch, haltlos. Die ganze Dualität und Entgegensetzung ist hinfällig.

Weil eine erlebnisjenseitige Wirklichkeit eine Konstruktion ist und nicht unmittelbar vorliegt, sondern nur gedacht und geglaubt werden kann, darum könnte sie aber auch im Sinn des Instrumentalismus als ein bloßes gedankliches Hilfsmittel verstanden werden. Das wird aber dadurch ausgeschlossen, daß eine solche Subjektivierung und Idealität zum Inhalt der Konstruktion in Widerspruch steht. Denn es wird ja eine nicht-vorliegende *Wirklichkeit* konstruiert, die zur Ergänzung der Erlebniswirklichkeit notwendig ist, um eine Gesetzmäßigkeit herzustellen.

Manche werden geneigt sein, in der Konstruktion einer Welt, die unabhängig von ihrem Erlebt-werden existiert, eine *Metaphysik* zu sehen und sie deshalb abzulehnen. Man wird sie mit *Kants* Ding an sich gleichsetzen und sie für gänzlich unerkennbar wie dieses erklären. Man wird sie als metaphysisch betrachten, weil sie über die Erfahrung hinausgehe und deshalb unerfahrbar sei. Aber die Erfahrung ist schon etwas Komplexes; sie schließt selbst schon Konstruktionen ein, von körperlichen Gegenständen und fremden Erlebnissen. Das ist die Welt, in der man Erfahrungen macht. Man kann die Erfahrung nicht auf Erlebnisse und deren Beziehungen beschränken. Ein Hinausgehen darüber ist unvermeidlich. Ein Verzicht auf eine Wirklichkeit neben der erlebten führt zum idealistischen Phänomenalismus und schließlich zum Solipsismus. Aber eine objektive Welt ist keineswegs unerkennbar. Ihre Bestimmung läßt sich methodisch begründen; sie bildet ja die Aufgabe der Physik.

Wenn die Konstruktion einer objektiven Welt als Metaphysik bezeichnet wird, dann ist Metaphysik unvermeidlich. Dann muß man aber zweierlei Metaphysik unterscheiden: eine Metaphysik, die rational begründet werden kann, und eine unbegründbare, eine dogmatische. Das wäre aber eine unzweckmäßige Begriffsbestimmung der Metaphysik. Denn dadurch werden zwei Bereiche zu einer Einheit zusammengenommen, die streng zu scheiden sind. Und dadurch wird nur Verwirrung begünstigt.

4. Gültigkeit, Wahrscheinlichkeit

Durch den logischen und sachlichen Zusammenhang eines Urteils mit bestimmten anderen wird sein Sachverhalt eindeutig festgelegt. Mit ihnen ist kein anderer Sachverhalt verträglich. Zwei mal zwei ist gleich vier gemäß den Definitionen von zwei und vier und von „mal" und „gleich". Wenn ein Sachverhalt eindeutig bestimmt ist, steht er fest, er ist invariant und damit hat er die Beschaffenheit, die für Erkenntnis erforderlich ist. (Vgl. S. 12 f.) *Daß ein Urteil als feststehend, invariant charakterisiert wird, das ist es, was „gültig" bedeutet.*

Man muß die *Bedeutung* von „gültig" und die *Feststellung* der Gültigkeit auseinanderhalten. Ihre Bedeutung gibt die Beschaffenheit an, welche durch das Prädikat „gültig" einem Urteil zugeschrieben wird. Etwas anderes ist die Art und Weise, wie diese Beschaffenheit festgestellt, erkannt wird. Daß ein Urteil gültig ist, kann mit Gewißheit erkannt werden, es kann sich aber auch nur eine Wahrscheinlichkeit dafür ergeben. Gewißheit und Wahrscheinlichkeit sind Ergebnisse der Feststellung. Das worauf sich die Gewißheit oder Wahrscheinlichkeit bezieht, ist die Invarianz. Die Wahrscheinlichkeit steht nicht neben der Gültigkeit als eine andere selbständige Qualifikation von Urteilen, sie steht neben der *Gewißheit,* dieser gegenüber. Wird ein Urteil durch seinen Zusammenhang mit anderen eindeutig bestimmt, dann ist seine Gültigkeit gewiß. Bloße Wahrscheinlichkeit ergibt sich für seine Gültigkeit, wenn die Urteile, die zu seiner eindeutigen Bestimmung erforderlich sind, dazu nicht hinreichen, weil einige fehlen oder unsicher sind. Die

4. Gültigkeit, Wahrscheinlichkeit

Gültigkeit des Urteils ist dann ungewiß, aber nicht gänzlich, sondern es sind doch Gründe für seine Gültigkeit vorhanden, aber sie genügen nicht für seine Gewißheit. Nach dem größeren oder geringerem Maß, in dem die Erfordernisse für die eindeutige Bestimmung gegeben sind, bemißt sich der Grad der Wahrscheinlichkeit. Diese Sachlage wird mit der Bezeichnung als „wahrscheinlich" zum Ausdruck gebracht. Es bedeutet eine Differenzierung der Ungewißheit; ein Urteil ist in verschiedenem Grad ungewiß. Das ist die erkenntnistheoretische Wahrscheinlichkeit, die von der mathematischen streng zu scheiden ist[92].

Die mathematische Wahrscheinlichkeit tritt in zwei Formen auf: als apriorische und als empirische Wahrscheinlichkeit. Beide betreffen das Zahlenverhältnis einer Unterklasse von Fällen zu einer Oberklasse: der „günstigen" Fälle zu den möglichen. Bei der Wahrscheinlichkeit a priori ist das Zahlenverhältnis vorgegeben, z. B. die Zahl der Augen eines Würfels als die möglichen Fälle und das As als der günstige. Bei der empirischen Wahrscheinlichkeit muß das Zahlenverhältnis erst statistisch ermittelt werden als der Grenzwert der relativen Häufigkeit von Fällen einer Unterklasse in einer großen Anzahl von Fällen einer Oberklasse, z. B. der Knabengeburten innerhalb der Zahl der Geburten überhaupt. Das Zahlenverhältnis ist in beiden Arten der Wahrscheinlichkeitsrechnung gewiß und nicht bloß wahrscheinlich. Der Eintritt eines bestimmten Einzelfalles ist hingegen völlig ungewiß; das Unwahrscheinliche kann ohne weiteres eintreten. „Unwahrscheinlich" besagt hier eine geringe Häufigkeitsrate der günstigen Fälle gegenüber den möglichen, also ein Zahlenverhältnis in einer großen Zahl von Fällen. Über einen einzelnen Fall sagt sie nichts aus, z. B. ob ein bestimmtes Los den Haupttreffer gewinnt; sie besagt nur: es ist eines unter 200 000.

Die erkenntnistheoretische Wahrscheinlichkeit ist kein Zahlenverhältnis von günstigen zu möglichen Fällen, sie betrifft keine Häufigkeitsrate, etwa von wahren und falschen Urteilen, sondern sie besagt, daß die Gültigkeit eines Urteils mehr oder weniger ungewiß ist, weil die Voraussetzungen für deren Nachweis nicht vollständig gegeben sind.

Weil Gültigkeit besagt, daß ein Sachverhalt feststeht, muß er anerkannt werden. Anerkennung besteht darin, daß der Sachverhalt für das Verhalten maßgebend wird, in theoretischer und in praktischer Hinsicht. Er *soll* das Verhalten bestimmen. Die Anerkennung wird *gefordert*.

---

[92] Siehe *V. Kraft*, Erkenntnislehre, 1960, VI. 2.

Diese Forderung ist eine Konsequenz dessen, daß gültige Sachverhalte um der Orientierung des Verhaltens willen erstrebt werden. Aber die Anerkennung wird auch Urteilen zuteil, denen die Gültigkeit fehlt. Der Primitive, der die Existenz von Geistern und die Wirksamkeit von Zauberei behauptet, und der Zivilisierte, der den Einfluß der Sterne auf das Schicksal behauptet oder die Unglücksbedeutung der Zahl 13, wird dadurch ebenfalls in seinem Verhalten bestimmt. Anerkennung eines Urteils besteht immer darin, daß das Verhalten dadurch *motiviert* wird. Das kann aber nicht bloß durch die Gültigkeit eines Urteils geschehen, sondern auch durch die Furcht, welche umgekehrt die Behauptung von Geistern und Dämonen als gültig anerkennen läßt, oder durch den Wunsch und die Hoffnung, welche an ein Fortleben nach dem Tod und an ein Paradies glauben läßt, oder durch das Herkommen, das eine religiöse Metaphysik anerkennen läßt. Der Unterschied liegt darin, daß das Verhalten einmal rational bestimmt wird, das anderemal emotional, irrational.

5. Wahrheit

Der Begriff der Gültigkeit ersetzt den Begriff der Wahrheit oder dieser wird durch ihn geklärt. Was die Qualifikation eines Urteils als „wahr" besagt, ist kontrovers und nicht hinreichend klar. Vielfach macht man es sich bequem, indem man Wahrheit als einen undefinierbaren Grundbegriff einführt. Aber was er enthält, ist keineswegs so deutlich, daß man es einfach voraussetzen könnte.

Wenn Wahrheit in der traditionellen Weise als Übereinstimmung eines Urteilssachverhaltes mit der Wirklichkeit definiert wird, dann hat die Wahrheit keinen allgemeinen Charakter. Denn dann kann sie nur für Wirklichkeitsaussagen in Betracht kommen, nicht für *alle* Urteile, die Erkenntnis enthalten. Es gibt doch außer der empirischen auch logische Wahrheit, die der analytischen Urteile. Diese kann nicht durch Übereinstimmung mit der Wirklichkeit definiert werden, weil diese Urteile, die mathematischen und die logischen vor allem, aber auch die normativen, nichts über Wirklichkeit aussagen. Um sie auf Wirklichkeit zu beziehen, müßte man die metaphysische Annahme an sich vorhandener platonischer Wesenheiten machen, für die unendlich vielen Zahlen von den natürlichen bis zu den imaginären, auch für absolute Werte und Normen. Die mathematischen und die logischen Urteile sind gerade diejenigen, die **zweifellos wahr sind.**

Auch für die Wahrheit muß man ihren Sinn und ihre Feststellung auseinanderhalten. Wenn die Wahrheit als Übereinstimmung mit der Wirklichkeit definiert wird, ist damit ihr *Sinn* bezeichnet. Dieser Sinn läßt sich wohl auch für Urteile über objektive Wirklichkeit festhalten. Aber die Wahrheit solcher Urteile kann nicht durch eine Vergleichung des ausgesagten Sachverhaltes mit der objektiven Wirklichkeit *festgestellt* werden. Denn diese liegt ja zur Vergleichung nicht vor. Was uns als Wirklichkeit unmittelbar zur Verfügung steht, sind allein die Erlebnisse. Nur mit ihnen kann ein ausgesagter Sachverhalt auf Übereinstimmung verglichen werden. Die objektive Wirklichkeit wird erst durch das Urteil eingeführt, dessen Wahrheit zu erweisen ist. Die objektive Wirklichkeit liegt nur in ihrer Behauptung vor. Sie ist erst dann gegeben, wenn das Urteil, das sie behauptet, als gültig erwiesen ist. Die Übereinstimmung mit der Wirklichkeit ist also eine *Konsequenz* dessen, daß ein Urteil über objektive Wirklichkeit gültig ist. Das Primäre ist die Gültigkeit. Was mit der Wahrheit eines Urteils eigentlich ausgesagt wird, ist die Gültigkeit. Daß ein Urteil mit der Wirklichkeit übereinstimmt, ergibt sich erst dadurch, daß es objektive Wirklichkeit zum Inhalt hat. Wahrheit als Übereinstimmung ist somit weder ihrem Sinn nach noch hinsichtlich ihrer Feststellung allgemein. Hingegen bildet die Gültigkeit als das Feststehen eines Sachverhaltes die Qualifikation für alle Art von Erkenntnis und sie läßt sich für jede Art von Urteilen feststellen. Nur sie ist allgemein in jeder Hinsicht. Deshalb wird Wahrheit durch Gültigkeit ersetzt.

Durch die Unterscheidung, was Gültigkeit oder Wahrheit bedeutet, und wie sie festzustellen ist, wird auch der Gegensatz der Wahrheitstheorien aufgeklärt und überwunden. Diese beziehen sich jede nur auf einen der beiden unterschiedlichen Gesichtspunkte, und jede kann darum nur in einer beschränkten Hinsicht vertreten werden. Die Korrespondenztheorie betrifft nur die Bedeutung der Wahrheit. Sie kann aber nur für einen Teil der Erkenntnis gelten, nur für Wirklichkeitsaussagen; und für das ganze große Gebiet der *objektiven* Wirklichkeit kommt sie erst sekundär in Betracht. Die Kohärenztheorie bezieht sich nur auf die Feststellung der Wahrheit, nicht auf ihren Sinn, und für die Feststellung gilt sie jedenfalls.

6. *Das Ideal der Erkenntnis und das tatsächliche Wissen*

Die Erkenntnis einer objektiven Welt ist nicht aus dem unmittelbar Vorliegenden und dessen Beziehungen allein zu konstituieren, sondern

VIII. Die Bedingungen der Gültigkeit von Konstruktionen

auch noch durch gedankliche Neuschöpfungen in Begriffsbildungen und Konstruktionen, welche aufgestellten Bedingungen entsprechen müssen; und ebenso die Erkenntnis ideeller Systeme. Für die Urteile der Erkenntnis wird Invarianz, Endgültigkeit gefordert; und diese wird durch den logischen Zusammenhang der Urteile begründet, durch den sie eindeutig festgelegt werden. Deshalb baut sich die Erkenntnis in der Form der Theorie auf und sie unterliegt der Forderung, daß sie ein Gesamtsystem bilden soll. Damit ist ein *Ideal* der Erkenntnis aufgestellt. Es ist nicht das Bild dessen, was tatsächlich als Erkenntnis vorliegt, sondern es ist das Ziel, welches das Erkennen in der Wissenschaft vor Augen hat, von dem es geleitet wird. Diesen idealen Charakter übersieht der sensualistische Empirismus.

Das tatsächliche Wissen ist immer in einer Entwicklung begriffen, es verändert sich weitgehend. Ob es sich dem Ideal immer nur annähert oder ob es in einzelnen Gebieten (so der Mathematik) schon den idealen Forderungen entspricht — das ist die Frage. Wenn man nicht sicher sein kann, daß es die idealen Forderungen erfüllt, dann hat man keine Gewißheit für seine Gültigkeit; dann ist alles Wissen nur wahrscheinlich. Diese Ansicht wird für die empirischen Urteile auch tatsächlich vertreten[93]. Nicht nur die Naturgesetze wie alle allgemeinen empirischen Aussagen, sondern auch die Aussagen über Einzeltatsachen werden nur für wahrscheinlich gehalten. Die Begründung dafür geht dahin, daß die Aussage über Einzeltatsachen die Naturgesetze voraussetzen, und das die Naturgesetze nicht mit Sicherheit zu erweisen sind.

Daß regelmäßige Beziehungen zwischen objektiven Gegenständen bestehen, kann nur an einzelnen Fällen festgestellt werden; in einem Naturgesetz wird aber eine solche Beziehung für *alle* Fälle behauptet, auch für die ungeprüften. Auch wenn die Voraussetzung von Gesetzmäßigkeit überhaupt diese Verallgemeinerung ermöglicht (siehe S. 72 f.), bleibt es doch nicht ausgeschlossen, daß neue Fälle von der bisherigen Regelmäßigkeit abweichen. Demgemäß haben auch aufgestellte Naturgesetze ihre Gültigkeit verloren oder haben korrigiert werden müssen. *Pasteur* hat experimentell erwiesen, daß die alkoholische Gärung nicht vor sich geht, wenn die Hefe-Bakterien durch Erhitzen getötet sind. *Buchner* hat jedoch

---

[93] R. *Carnap*, Probability and Content Measure. (Mind. Matter and Method. Essays in Honor of *H. Feigl*. 1966. S. 248.): „every factual statement is not certain". W. *Stegmüller*, Einheit und Problematik der wissenschaftlichen Welterkenntnis 1967. S. 8.

6. Das Ideal der Erkenntnis und das tatsächliche Wissen

gezeigt, daß die Gärung auch stattfindet, wenn die Hefezellen durch Zerreiben abgetötet sind, daß es also nicht auf lebende Organismen, sondern nur auf einen chemischen Vorgang ankommt. Damit war die von *Pasteur* behauptete Gesetzmäßigkeit widerlegt. Selbst ein so wohl fundiertes Gesetz wie das Gravitationsgesetz hat durch die Relativitätstheorie eine Abänderung erfahren.

Wenn aber nun alle Naturgesetze nur als wahrscheinlich gelten können — wie läßt sich dann der staunenswerte Erfolg ihrer Anwendung in der Technik verstehen? Die Technik beruht darauf, daß aus Naturgesetzen und Randbedingungen Folgerungen abgeleitet werden, die realisiert werden. Wenn nur eine Wahrscheinlichkeit, aber keine Gewißheit dafür besteht, daß die zugrundegelegten Gesetze zutreffen, dann könnte man weder mit Zuverlässigkeit planen noch auf den Erfolg rechnen. Bloße Wahrscheinlichkeit genügt dafür nicht. Denn es könnte dann geschehen, daß ein Vorgang, der einem Gesetz gemäß eintreten sollte, nicht genauso oder gar nicht eintritt. Bei den komplizierten Maschinen und Apparaten der modernen Technik, den Computern und photographierenden Satelliten, muß man jedoch die Gewißheit haben, daß jeder der vielen Teilvorgänge genau nach der Berechnung stattfindet. Nur durch ihr exaktes Ineinandergreifen kann der Enderfolg zustandekommen. Daß es gelingt, auf höchste Präzision angewiesene Systeme funktionierend herzustellen, setzt voraus, daß die zugrundeliegenden Naturgesetze mit Gewißheit gültig sind und nicht bloß wahrscheinlich. Durch die Technik wird auch die Atomtheorie als gültig erwiesen. Denn sie nimmt sie mit Erfolg zur Voraussetzung für Produktionen. So sind auf Grund der konstruierten Struktur der Moleküle in polymeren Verbindungen Stoffe mit vorzüglichen mechanischen Eigenschaften (Festigkeit, Dehnbarkeit) und mit eben solchen chemischen Eigenschaften (Beständigkeit gegenüber hohen Temperaturen) hergestellt worden[94]. Ohne den Atomismus wäre die Herstellung nicht möglich geworden. Er muß deshalb als zutreffend, als mit Gewißheit gültig anerkannt werden[95].

Sind alle Naturgesetze bloß wahrscheinlich, dann wird es zu einer unbegreiflichen Gunst des Zufalls, daß sich trotz der mangelnden Sicher-

---

[94] Siehe z. B. *H. F. Mark*, Future Trends for Improvement of Cohesive and Adhesive Strength of Polymers. (S. A. Advances in High Temperature Fibers, 1966.)
[95] Wie auch *L. de Broglie* (Physik und Mikrophysik, 1950, S. 10) erklärt: „den Physikern ist es gelungen, das Vorhandensein der Atome unmittelbar zu beweisen."

heit doch beständig der berechnete Erfolg einstellt. Wenn die Maschinen nicht richtig funktionieren, so geht dies auf Störungen zurück oder auf Schwierigkeiten der Realisierung oder auf Irrtümer im Ansatz, die nachgewiesen werden können.

So muß man schließen, daß nicht alle Naturgesetze bloß wahrscheinlich sind. Wenn das Gravitationsgesetz korrigiert werden mußte, so kommt das daher, daß es auch für einen Bereich in Anspruch genommen wird, der bisher nicht in Betracht gekommen ist. Die Gravitation ist jetzt nicht von der Masse allein abhängig gefunden worden, sondern auch von deren Geschwindigkeit. Diese letztere Abhängigkeit wird aber nur bei Geschwindigkeiten merklich, die sich der Lichtgeschwindigkeit nähern. Bei geringeren Geschwindigkeiten fällt die Abweichung unter die Genauigkeitsgrenze und wird unmeßbar. Deshalb behält das Gravitationsgesetz für diesen Bereich seine bisherige Gültigkeit unverändert bei. Auch die von *Pasteur* festgestellte Beziehung, daß Gärung durch Tötung der Organismen verhindert wird, ist gültig geblieben. Sie hat in der Sterilisierung durch Erhitzen eine immense technische Anwendung gefunden, weil diese es nur mit den Bedingungen zu tun hat, unter denen *Pasteur* die Gärung untersucht hat. Es sind die Bedingungen, unter denen die Gärung in der Natur vor sich geht. Hier wird der chemische Vorgang der Gärung nicht ohne Bakterien eingeleitet, weil dazu Katalysatoren erforderlich sind, die nur durch die Bakterien geliefert werden.

Naturgesetze gehen daraus hervor, daß durch einfache Beobachtung oder experimentell festgestellt wird, daß unter bestimmten Umständen bestimmte Beziehungen bestehen. Welche Umstände bei einer bestimmten Beziehung immer vorhanden sind und welche wechseln, d. h. welche Umstände notwendige Bedingungen für sie sind und welche nicht, kann immer nur an einzelnen Fällen ermittelt werden. Aber es ist nicht notwendig, *alle* einzelnen Fälle daraufhin zu untersuchen. Denn es kann an einer beschränkten Anzahl von Fällen festgestellt werden, welche Klassen von Umständen für eine Beziehung unentbehrlich sind. Aber damit wird ein Gesetz nur für den Bereich der untersuchten Klassen betreffen. Wenn Klassen von Umständen überhaupt nicht in Betracht gezogen und geprüft sind, kann eine Beziehung nicht auch für diese als eine gesetzmäßige in Anspruch genommen werden. Aber für den geprüften Bereich ist seine Gültigkeit gesichert. Der Techniker verwendet die Naturgesetze nur für diesen Bereich innerhalb der Genauigkeitsgrenze; darum kann er mit Sicherheit darauf rechnen, daß sie zutreffen. Für einen neuen Bereich wird es hingegen ungewiß, ob ein Naturgesetz noch gilt oder ob es geändert werden muß. Es ergibt sich eine neue Situation. Das ist in größtem Ausmaß durch die Quantentheorie eingetreten, „die die sichersten Grundlagen der Physik umgestürzt hat"[96], sofern durch sie die Gesetze der klassischen Physik auf einen neuen Bereich bezogen werden sollten. Wenn die Naturgesetze vorsichtig formuliert werden, wenn sie nicht für andere Umstände als die geprüften Klassen ausgedehnt werden, dann können sie als nicht bloß wahrscheinlich betrachtet werden.

Und gibt es nicht auch eine Menge von Aussagen über objektive Einzeltatsachen, die zweifellos gültig sind? Zum Beispiel, daß Wien an der Donau liegt oder daß *Churchill* gestorben ist oder Aussagen über die wohlbekannten Gegenstände der täglichen Umgebung. Ist es nur wahrscheinlich, daß *Kant* gelebt hat und *Goethe* und *Newton*? Und es gibt zahllose verneinende Aussagen, deren Gültigkeit gewiß ist, z. B. Wien liegt nicht am Inn, nicht am Rhein usw., keiner der beinahe 3 Milliarden Menschen, die im Jahr 1967 leben, einzeln aufgezählt, ist Kaiser von Amerika, oder daß keiner von diesen 1000 Jahre alt werden wird.

IX. Die Grundlagen der Erkenntnis

Es sollen nun die Grundlagen der Erkenntnis noch einmal zusammenfassend überblickt werden. Grundlage der Erkenntnis kann nur etwas sein, das nicht erst als gültig erwiesen werden muß, sondern vorgegeben ist. Für die Erkenntnis rein gedanklicher Sachverhalte, der logischen, mathematischen, normativen, sind es Begriffe von Zahlen und Zahl-Variablen, von geometrischen Elementen, von Werten und Normen, und Urteile, die mit ihnen gebildet sind. Diese Begriffe sind auf Grund von Erlebnisgegebenem gebildet, von empirischen Mengen, von räumlichen Beziehungen, von Stellungnahmen und Forderungen. Aber in ihnen sind selbständige gedankliche Schöpfungen konzipiert, Konstruktionen von etwas Neuem gegenüber dem Erlebnisgegebenen. Urteile über solche Sachverhalte werden als gültig dadurch erkannt, daß sie bewiesen werden, d. i. aus Voraussetzungen logisch abgeleitet werden können. Die Voraussetzungen haben Gültigkeit bloß als zugrundegelegte Ansätze, von denen man ausgeht; sie gelten teils durch Festsetzung, teils als Postulate, als aufgestellte Bedingungen. Die Gültigkeit dieser Urteile ergibt sich daher in einem deduktiven System, einer Theorie.

---

[96] *L. de Broglie*, Physik und Mikrophysik, 1951, S. 13.

Für die Erkenntnis der Wirklichkeit bilden die Sinneseindrücke die vorgegebene Grundlage. Aber sie reichen für sich allein nicht hin, um Aussagen, die mehr enthalten als subjektive persönliche Erlebnisse, zu ergeben. Zu der erlebten Regelmäßigkeit von Beziehungen zwischen Sinneseindrücken muß die Voraussetzung von Gesetzmäßigkeit hinzutreten. Dadurch wird erst das Wissen von historischen subjektiven Erlebnissen zu einem Wissen von gesetzmäßigen und damit objektiven Sachverhalten. Für die Erkenntnis einer objektiven Wirklichkeit außerhalb der erlebten ist als weitere Grundlage erforderlich, daß auf Grund der in der Erlebniswirklichkeit erkannten Beziehungen neue Gegenstände konstruiert werden, körperliche und fremdseelische. In ihnen sind Bedingungen für die erlebten Beziehungen der Sinneseindrücke konstruiert, aus denen diese logisch abgeleitet werden können. Mit ihnen wird eine andere Wirklichkeit als die erlebte eingeführt, eine nicht-erlebte. Die Gültigkeit dieser Konstruktionen beruht darauf, daß sie mit der erlebten Wirklichkeit durch deren Ableitbarkeit logisch verknüpft sind. Dieser logische Zusammenhang bildet eine weitere Grundlage für die Wirklichkeitserkenntnis. Die Konstruktion einer objektiven Welt wird geschaffen, um die Erlebnisse so zu ergänzen, daß ein gesetzmäßiger Zusammenhang zustandekommt. Die Ergänzung der erlebten Wirklichkeit durch eine nicht-erlebte gibt die einzige Möglichkeit, um die Erlebnisse erklären zu können. Darum ist die Konstruktion einer Wirklichkeit außer der erlebten notwendig und muß deshalb als gültig anerkannt werden.

Das sind die Grundlagen der Erkenntnis in *theoretischer* Hinsicht. Diese theoretischen Grundlagen haben aber eine pragmatische Basis. Die Forderungen, welche an die ideale Erkenntnis gestellt werden, sind dadurch bestimmt, daß sie die Bedingungen für die Erreichung eines Zieles bilden: einer invarianten Ordnung des Erlebten. Um ihretwillen werden die Normen der Identität und Widerspruchslosigkeit aufgestellt und wird eindeutige Bestimmtheit durch logischen Zusammenhang gefordert. Die Ordnung wird hergestellt in den Konstruktionen und Theorien zur Erklärung des Erlebten. Auch die Ordnung wird wieder nur gefordert und erstrebt, weil sie die Bedingung für die Erreichung des obersten Zieles ist: für die Möglichkeit der Planung und Verwirklichung der Absichten, für die Leitung des Verhaltens. Die Erkenntnis ist letztlich nur zu begreifen und zu begründen als Mittel für das aktive Leben. Sie wird durch das Bedürfnis bestimmt, daß der Mensch eine verläßliche Ordnung der Erlebnisse braucht, um sein Verhalten selbständig bestim-

IX. Die Grundlagen der Erkenntnis

men zu können. Die Bildung von Urteilen, die Erkenntnis enthalten, erfolgt durch ein methodisches Verfahren, das Erkennen gegenüber der Erkenntnis als dessen Ergebnis. Das Verfahren wird durch das Ziel bestimmt, das mit der Erkenntnis erreicht werden soll: invariante Ordnung. Um dieses Ziel zu erreichen, muß gemäß den Bedingungen für die Herstellung von Ordnung verfahren werden. Die Erkenntnis beruht so auf einem Handeln, einem geistigen und körperlichen. Und die Anerkennung eines Urteils als gültig, als Erkenntnis erfolgt ebenfalls durch das praktische Verhalten im Denken und im Handeln. Die Erkenntnis wurzelt im Leben und erhält von diesem ihre konstituierenden Bedingungen. Diese pragmatische Grundlage der theoretischen Erkenntnis ist der Sinn eines wohlverstandenen Pragmatismus.

Zweiter Teil

Die Grundlagen der Moral

I. Moralbegründung

Es ist keine neue Moral, die hier aufgestellt wird. Die moralischen Normen sind schon seit Langem entwickelt. Ihr Inhalt ist schon seit den Anfängen höherer Kultur immer klarer und vollständiger ausgebildet worden, seit Hammurabi, seit den zehn Geboten durch die jüdischen Propheten, durch die antike Ethik, durch das Christentum, in der Aufklärung. Es kommt vielmehr auf ihre Begründung an. Wenn ein Freigeist sich von der Moral als von den Vorurteilen der Väter freimachen will — was kann man ihm entgegenhalten? Die Moral wird gewöhnlich auf Grund von Autorität oder bloß des Herkommens für verbindlich gehalten. Aber eine Autorität anzuerkennen oder dem Herkommen zu folgen, ist der Entscheidung des Einzelnen anheimgegeben. Einen allgemein verbindlichen Grund, eine bestimmte Autorität anzuerkennen gibt es so wenig wie dafür, dem Herkommen zu folgen. Gibt es nun eine Begründung für die Moral, die allgemein anerkannt werden muß? Oder beruht die Moral bloß auf einer persönlichen Entschließung? Das ist eine Frage von allergrößtem Gewicht. Nicht nur die, welche der Einsicht fähig sind, müssen sich über die Gründe klar sein, warum sie die Beschränkungen, welche die Moral ihnen auferlegt, auf sich nehmen; auch die Erzieher, welche die Moral denen einpflanzen, die sie nicht aus eigener Einsicht aufnehmen können, müssen wissen, warum sie es tun sollen. Aber die Grundlagen der Moral haben bisher viel weniger eine Klarstellung erfahren als die der Erkenntnis. Was die Ethik bisher dafür geleistet hat, ist durchaus unzureichend. Bevor das aber dargelegt werden kann, muß eine allgemeine Bestimmung der Moral gegeben werden.

Moral ist kein bloßes Desiderat der Schwachen zu ihrem Schutz oder ein Mittel der Starken zur Bindung der Schwachen, sondern ein Faktor von äußerster Wichtigkeit für die Allgemeinheit und ihre Wohlfahrt. Wäre in der Geschichte der Menschheit nicht so viel gegen die Moral gesündigt worden — ein Unmaß von Leiden wäre ihr dann erspart geblieben.

1. Allgemeine Bestimmung der Moral

Worin die Moral besteht, kann nicht auf empirische Weise bestimmt werden, es kann nicht aus „moralischen" Tatsachen oder aus dem Sprachgebrauch entnommen werden. Denn das setzt voraus, daß man bereits weiß, was als Moral zu betrachten ist. Aus dem, was als Moral bezeichnet wird, ergibt sich kein eindeutiger Begriff. Sind die Tabu-Verbote oder die Speise-Verbote oder das Gebot der Achtung vor dem Alter moralische? Was Moral ist, kann nur durch Festsetzung bestimmt werden. Die Festsetzung muß so getroffen werden, daß sie für die Tatsachen zutrifft, die zweifellos als moralische betrachtet werden, und daß sie nahestehende Tatsachen, wie die der Sitte und des Rechts, ausschließt.

Moral besteht einerseits darin, daß menschliches Verhalten als (sittlich) gut oder als böse charakterisiert wird. Damit wird ein Wert oder ein Unwert ausgesprochen; die Moral wird so durch Werte konstituiert. So in der phänomenologischen Ethik. Eine Moral dieser Art kann sich aber nur darin realisieren, daß über vorliegendes Verhalten Werturteile gefällt werden; sie kann nur in der Beurteilung einer geplanten Tat bestehen. Denn in Werturteilen sind keine Forderungen enthalten; sie erschöpfen sich in Lob oder Tadel. (*Schopenhauer* hat sich mit einer Moral der bloßen Wertung begnügt, weil es nach seiner Anschauung keinen Sinn hat, an den Menschen Forderungen zu stellen, weil sein Verhalten vollständig determiniert ist. Darum kann es nur hinterher moralisch gewertet werden.)

Aber nicht erst, wenn etwas geschehen ist, kommt die Moral zum Wort, sondern es macht ihre eigentliche Aufgabe aus, daß sie schon vorher eingreift, um das Geschehene in der Weise zu leiten, die sie als die richtige angibt. Zu den Wertungen tritt die *Forderung* hinzu, daß die Werte verwirklicht werden sollen. Es ist für die Moral wesentlich, daß sie Forderungen an uns stellt, daß sie Vorschriften für das Verhalten gibt. Dadurch erhält die Moral einen normativen Charakter, dadurch stellt sich erst die Verpflichtung ein und das Gewissen als das Bewußtsein dessen, was man tun soll oder hätte tun sollen.

So wird die Moral durch zwei Komponenten bestimmt: durch Werte und durch Normen. Normen setzen Werte schon voraus. Denn was Normen verlangen, ist die Verwirklichung von Werten. Das ist der Grund, warum dazu noch Normen aufgestellt werden.

Aber diese Bestimmung der Moral ist noch zu weit, zu allgemein. Denn Werte und Normen gibt es auch außerhalb der Moral, so den Wert der Gesundheit und die Vorschriften der Hygiene, den Wert und die Forderungen der Wirtschaftlichkeit, die Normen des Rechts, die Vorschriften der Etikette. Sie alle betreffen das menschliche Verhalten. Was die moralischen Normen von allen diesen unterscheidet, liegt darin, daß sie nicht bloß das äußerliche Verhalten regeln, ohne die Motive dafür zu berücksichtigen wie die Sitte; sondern die Moral verlangt ein Handeln aus dem Bewußtsein der Verpflichtung, eines allgemeinen Sollens und nicht aus egoistischen Motiven, zur Herbeiführung persönlicher Vorteile oder zur Vermeidung eigener Nachteile. Sie unterscheidet sich vom Recht dadurch, daß die Befolgung ihrer Normen auf Freiwilligkeit beruht. Das Recht sucht sie durch Zwang herbeizuführen, indem es auf ihre Nicht-Befolgung Strafen setzt, Unlust-Folgen. Für die Moral gibt es keine Strafen, nur Schuldgefühl und Reue. Die Moral ist autonom, das Recht heteronom. Die Vorschriften der Hygiene und Forderungen der Wirtschaftlichkeit betreffen *spezielle* Gebiete. Sie richten sich nur an diejenigen, welche Wirtschaft treiben, welche für ihre Gesundheit sorgen wollen. Die Normen der Moral richten sich an alle, sie sind allgemeingültig ohne Einschränkung. Es ist für die Moral wesentlich, daß sie das Verhalten eines jeden regelt, daß sie nicht eine Einstellung von Einzelnen ist und von anderen nicht und daß sie nicht einzelne Gebiete des menschlichen Verhaltens betrifft, sondern dieses in seiner Gänze.

Unter „Moral" sind bestimmte Normen zu verstehen, die das praktische Verhalten leiten. Die theoretische Behandlung dieses Gebietes macht den Gegenstand der „Ethik" aus. Die beiden Termini dürfen nicht pro miscue gebraucht werden, wie es mehrfach der Fall ist[1].

2. Die bisherigen Begründungen der Moral

Für die Grundlage der Moral haben die antiken Sophisten einen grundsätzlichen Gesichtspunkt gegeben: ob sie von Natur aus dem Menschen eigen ist oder ob sie durch Satzung aufgerichtet ist (φύδει oder θέςει).

---

[1] Siehe *V. Kraft*, Rationale Moralbegründung, 1963, S. 12, Anm. 11 (Sitzungsbericht der Österreichischen Akademie der Wissenschaften, Phil.-hist. Kl., 242. Bd., 4 Abh.).

2. Die bisherigen Begründungen der Moral

Die ursprüngliche Auffassung war, daß die Moral auf göttlicher *Satzung* beruht. Dann ist sie, angesichts der Verschiedenheit moralischer Anschauungen, auf menschliche Satzung zurückgeführt worden. Der soziale Verband, die Gesellschaft, nach *Hobbes* der Staat, stellt die Moral auf; aber auch von Ständen und Berufen wird sie geformt. Es gibt eine bürgerliche und eine Geschäfts-Moral, es hat eine Offiziers-Moral gegeben. Die verschiedenen Arten der Satzung: göttliches Gebot, bürgerliches Gesetz und die öffentliche Meinung, haben *Locke* und *Bentham* alle zusammen als die Grundlagen der Moral namhaft gemacht.

Moral auf Grund von Satzung beruht auf Autorität. Diese bestimmt was gut, was böse ist. Die Geltung solcher Moral hängt davon ab, daß die Autorität anerkannt wird und sie erlischt, sobald man sich von der Autorität emanzipiert. Moral, die auf Satzung beruht, hat nur bedingte Gültigkeit, sie ist nicht unbeschränkt allgemeingültig.

a) psychologisch

In der englischen Moralphilosophie des 18. Jahrhunderts hat sich hingegen die Auffassung ausgebildet, daß die Moral in der *Natur* des Menschen wurzelt. In dieser liegen sowohl egoistische wie altruistische Triebe. Der Mensch strebt nicht nur nach eigener Lust und persönlichem Wohlergehen, sondern er hat auch Mitgefühl und Wohlwollen gegenüber anderen; und es treten ursprüngliche Reaktionen des Gefallens oder Mißfallens, der Billigung oder Mißbilligung auf. Sie betreffen das Verhalten anderer und auch das eigene. Durch sie werden Handlungen, bei *Adam Smith* Gesinnungen, Motivationen, die aus dem Mitgefühl entspringen, als sittlich gut, solche der Selbstsucht als böse charakterisiert; bei *Shaftesbury* liegt in der Harmonie der egoistischen und der altruistischen Antriebe die Sittlichkeit. So hat der Mensch von Natur aus einen moralischen Sinn *(Hutcheson)* und ein naturgegebenes Gewissen *(Butler)*.

Das ist eine psychologische Begründung der Moral und darum ist es eine Tatsachenfrage, inwiefern diese Behauptungen zutreffen. Es ist eine Psychologie derer, die bereits moralisch sind. Aber die Moralisten dürfen doch nicht bloß sich selbst analysieren. Neben ihnen gibt es Gewissenlose und Verbrecher, und es gibt gefühlskalte Menschen, denen das Leiden anderer keinen Eindruck macht, und Boshafte, die dabei Schadenfreude empfinden, und Sadistische, die sich daran ergötzen, und es gibt Egoisten, die immer nur an sich selbst denken. Die Gefühlsgrundlagen der Moral sind nicht bei allen Menschen von Natur aus vorhanden. Daß die Mehrheit „moralische" Gefühle besitzt, nötigt den Amoralischen noch nicht, ihre Billigung und Mißbilligung zu übernehmen und sich danach zu richten. Die psychologische Begründung der Moral ist auf psychologische Tatsachen angewiesen und kann darüber nicht hinauskommen; eine allgemeine Normierung kann sie nicht geben. Weil die psychologischen Bedingungen für eine spontane Entstehung der Moral nicht allgemein gegeben sind, läßt sich auf diesem Weg eine allgemeingültige Moral nicht erweisen.

b) soziologisch

In anderer Weise hat man Ende des 19. Jahrhunderts und im 20. versucht, die Moral aus der Natur des Menschen abzuleiten: aus seiner *sozialen* Natur[2]. Dadurch, daß der Mensch nicht allein lebt und leben kann, sondern immer im Verband mit anderen Menschen, ergeben sich mannigfache Beziehungen zu diesen: er fühlt sich zumeist mindestens mit seiner Familie solidarisch, mit anderen in Bezug auf gemeinsame Ziele, die andern läßt er gewähren. Diese Beziehungen müssen im sozialen Leben aufrecht erhalten werden, weil sonst die Gesellschaft auseinanderfällt. Damit sie bestehen bleibt, muß das soziale Verhalten geregelt werden und die Regeln dafür sind den tatsächlichen sozialen Beziehungen entnommen.

Die sozialen Beziehungen erschöpfen sich aber nicht in Gemeinschaft und Gesellschaft und Kooperation. Es gehört auch der Streit zu ihnen (wie *Simmel* festgestellt hat)[3] und die Aggression und die Mißachtung und die Ausschließung derer, die nicht zum sozialen Verband gehören. Die sozialen Beziehungen spielen für die Regelung des sozialen Verhaltens eine verschiedene Rolle: einige werden geboten, andere verboten. Es findet eine Auswahl statt danach, ob sie für das Miteinanderleben nützlich oder schädlich, notwendig oder zu verhindern sind. Die Beziehungen werden also normiert, was über eine beschreibende Soziologie grundsätzlich hinausgeht. Die Normierung bedeutet eine Festsetzung, welche, wenn sie nicht willkürlich sein soll, eigens begründet werden muß. Gewöhnlich ist es wohl einfach die Moral, welche in dem Kulturkreis traditionell ist, dem der Moralphilosoph angehört.

Vor allem aber gelten diese Regeln nur innerhalb eines sozialen Verbandes, geschichtlich zuerst innerhalb einer Horde, dann innerhalb eines

---

[2] Siehe *V. Kraft*, Rationale Moralbegründung, 1963, II. 3.
[3] *G. Simmel*, Soziologie 1908.

2. Die bisherigen Begründungen der Moral

Stammes, dann innerhalb eines Volkes, schließlich innerhalb eines Kulturkreises. Auf diejenigen, die außerhalb des betreffenden Verbandes stehen, erstrecken sie sich nicht; diese sind „outlaws". Je mehr sich der soziale Bereich erweitert, desto mehr differenzieren sich die Regeln des sozialen Verhaltens nach sozialen Gruppen, nach Klassen, nach Berufen. Wie es verschiedene Moral innerhalb einer Gesellschaft gibt, so ist die Moral in verschiedenen Gesellschaften verschieden und zum Teil mit einander unverträglich, wie aus der Kulturgeschichte und der Ethnographie zu ersehen ist. In soziologischer Hinsicht gibt es nicht *eine* Moral von allgemeiner Gültigkeit. Man kann über diese Relativität nicht hinauskommen, indem man die übereinstimmenden Regeln aufsucht und als *die* Moral erklärt. Denn es ist mehr als fraglich, ob sich eine inhaltsreiche Übereinstimmung ergibt, ob nicht zu jeder Regel auch eine gegenteilige in der Kulturgeschichte und Völkerkunde zu finden ist — eine Frage, die noch nicht hinreichend beantwortet ist.

Eine soziologische Begründung der Moral ist grundsätzlich zum Scheitern verurteilt. Sie will erweisen, daß das soziale Leben Regeln erfordert, durch welche ein Verhalten normiert wird, wie es für das Miteinanderleben notwendig ist. Den Grundgesichtspunkt bildet die Gesellschaft und die Bedingungen ihres Bestandes; und es liegt die Voraussetzung zugrunde, daß die Existenzbedingungen der Gesellschaft auch für ihre Glieder maßgebend sind. In ihrem wohlverstandenen eigenem Interesse müssen sie der Gesellschaft geben, was sie braucht, und deshalb die moralischen Regeln befolgen. So wird argumentiert.

Aber das trifft nicht zu. Die Interessen des Einzelnen und die der Gesellschaft decken sich nicht, wenigstens nicht vollständig. Was die Normen der Moral um der Gesellschaft willen von ihren Gliedern verlangen, das hindert diese an der Durchsetzung ihrer eigenen Interessen, denn es legt ihnen darin Beschränkungen auf. Darin besteht ja der Zweck dieser Regeln. Der Einzelne sucht diesen Beschränkungen zu entgehen, indem er sich über die moralischen Forderungen hinwegsetzt. Er kann um ihre Erfüllung herumzukommen suchen und sich ihr entziehen, wo es möglich ist oder als Tartuffe Erfüllung vortäuschen. Eine Gesellschaft bleibt auch bestehen, wenn ein Teil ihrer Glieder ihre Normen nicht befolgt. Es muß nur eine Minderheit sein. Die Regeln der Moral wie die der Sitte und des Rechts sind niemals ausnahmslos befolgt worden; sie werden immer wieder in größerem oder geringerem Maß übertreten. Das ist der tatsächliche Zustand in aller Gesellschaft in der Vergangenheit und der Gegenwart. Der Bestand einer Gesellschaft hängt nicht davon ab, daß ihre

Normen von allen befolgt werden. Aber selbst wenn jeder durch seine Abhängigkeit von der Gesellschaft dazu gezwungen würde, wären es doch nur die Glieder einer bestimmten Gesellschaft, für welche die moralischen Normen gelten, nicht alle Menschen, wie die Moral es verlangt. Aber es müssen nicht einmal *moralische* Normen sein, welche für den Bestand einer Gesellschaft notwendig sind. Eine Gesellschaft braucht für ihren Bestand nicht mehr, als daß in ihr überhaupt eine Ordnung hergestellt wird. Diese muß nicht eine moralische sein. Es können die Satzungen einer Herrschaft sein, durch Macht aufgestellt und durch Zwang durchgesetzt. Die Herrschenden sind durch Interessengemeinschaft verbunden und haben die Ordnung zu ihrer Sicherung eingeführt. Die Beherrschten werden durch Gewalt oder durch die Furcht davor veranlaßt, die Ordnung einzuhalten. Eroberungen, wie die von Peru durch *Pizarro*, geben genug Beispiele dafür. Aus den Existenzbedingungen einer Gesellschaft läßt sich somit allgemeingültige Moral nicht ableiten.

c) utilitaristisch

Beide Begründungsweisen, die psychologische und die soziologische, vereinigen sich im *Utilitarismus*[4]. Er geht einerseits davon aus, daß der Mensch von Natur aus nach Lust strebt oder nach Wohlergehen, nach Glück. Daraus sucht man (so *J. St. Mill*) das *allgemeine* Wohl als oberstes gemeinsames Ziel abzuleiten, indem man sich auf altruistische soziale Gefühle bezieht. Es ist eine psychologische Begründung der Moral und was früher gegen eine solche eingewendet worden ist, gilt auch hier.

Der Utilitarismus ist aber auch damit begründet worden (so von *Bentham*), daß der Einzelne das allgemeine Wohl erstreben müsse, weil es in seinem eigenen Interesse liege. Denn er lebt immer in einer Gesellschaft und von deren Wohlergehen hängt auch das seine ab. Damit wird die soziologische Begründung der Moral herangezogen. Aber daß die Sorge für das Wohl der anderen nicht im individuellen Interesse liegt, ist vorhin gezeigt worden. Auch wenn sich der Einzelne klar macht, daß sein Wohl mit dem der Gesellschaft, in der er lebt, verknüpft ist, ergibt sich für ihn keine unbedingte Notwendigkeit, seinen eigenen Vorteil zugunsten des allgemeinen Wohles hintanzusetzen. Daraus, daß er ein Glied der Gesellschaft ist, kann sich für ihn keine Verpflichtung ergeben, für deren Wohl zu sorgen. Denn das würde eine *moralische* Verpflichtung bedeuten und

---

[4] Siehe auch *V. Kraft,* Rationale Moralbegründung, II. 2.

2. Die bisherigen Begründungen der Moral

damit eine pet. princ. Es kann sich nur darum handeln, ob sein eigenes Interesse es verlangt, daß er sich das Wohl der Gesellschaft zum Ziel setzt. Aber die beiden laufen einander oft zuwider. Und die Erfahrung lehrt ihn, daß in einer Gesellschaft immer einzelne, wenn auch nicht alle, gegen die Erfordernisse der Gesellschaft handeln können, ohne deren Bestand zu gefährden. So kann der Utilitarismus die Moral in keiner Weise auf eine notwendige Verknüpfung des individuellen Wohles mit dem Gemeinwohl gründen.

d) aprioristisch

Eine Grundlage der Moral in der Natur des Menschen hat auch *Kant* in Anspruch genommen, aber von ganz anderer Art, nicht im Gefühl, sondern in der Vernunft. Indem diese in praktischer Hinsicht angewendet wird, ergibt sie einen *kategorischen Imperativ*. Sein Inhalt wird durch sie a priori erkannt. Er ist bloß formaler logischer Art; er verlangt Widerspruchslosigkeit einer Maxime des Verhaltens bei ihrer Verallgemeinerung. (Es ist wohl eine logische Formalisierung der goldenen Regel: Was Du nicht willst, das man dir tu, das füg auch keinem andern zu.) Es kommt darauf an, daß eine Maxime erst dadurch einen Widerspruch ergibt, daß sie verallgemeinert wird, nicht daß sie schon als persönliche Maxime widerspruchsvoll ist. Aber eine widerspruchslose Maxime kann durch ihre Verallgemeinerung nicht widerspruchsvoll werden. Wenn jemand Geld leiht mit dem Versprechen, es zurückzugeben, es aber nicht zurückzahlen will oder kann, dann liegt der Widerspruch schon in der persönlichen Maxime. Wenn hingegen der Widerspruch bei der Verallgemeinerung dadurch entstehen soll, das niemand mehr Geld verleiht, wenn es nicht zurückgezahlt wird, dann kommt der Widerspruch nicht durch die bloße Verallgemeinerung zustande, sondern dadurch, daß ein neuer, ein empirischer Gesichtspunkt herangezogen wird: daß dann Geld-verleihen zu einem Verlustgeschäft wird, und daß dann niemand mehr Geld verleihen wird. Der Widerspruch besteht nur zwischen der verallgemeinerten Maxime und einem zweiten Satz, der ihre wirtschaftlichen Konsequenzen einführt. Der kategorische Imperativ als Prinzip der Verallgemeinerbarkeit besagt daher überhaupt nichts, er ist leer. Die Begründung der Moral durch reine praktische Vernunft ist verfehlt. Zu diesem Versuch ist es nur gekommen, weil *Kant* geglaubt hat, von der Moral alle empirischen Beweggründe fernhalten zu müssen. (Das ist eine dogmatische Entscheidung, eine bloße Festsetzung.)

e) phänomenologisch

Im deutschen Bereich wird die Moral gegenwärtig auf dem Weg der Phänomenologie begründet[5]. Den grundlegenden Gesichtspunkt bilden moralische Werte, nicht Normen. Die Werte werden als ideelle Wesenheiten wie die platonischen Ideen betrachtet; sie bestehen unabhängig von den wertvollen Gegenständen und den wertenden Personen für sich. Sie werden a priori erkannt, aber nicht im Denken sondern im Fühlen, durch die besondere Erkenntnisart einer emotionalen, nicht intellektuellen Intuition. Ebenso wird ihre Rangordnung erkannt. Damit erscheint die Moral vollständig gesichert, jeder Subjektivität und aller Wandelbarkeit entzogen, über alle Relativität hinausgehoben. Eine Verschiedenheit von Moralen kann nur durch die Unzulänglichkeit der erkennenden Personen zustandekommen, dadurch daß jemand mit Wert-Blindheit geschlagen ist und Werte und ihre Rangordnung nicht hinreichend erkennt. Es können nur bisher nicht entdeckte Werte neu erschaut werden, aber Werte können sich nicht wandeln, sie können nicht umgewertet werden.

Aber dieses Reich der absoluten Werte gibt es nicht. Was als solche hingestellt wird, sind nur die traditionellen Werte, die im abendländischen Kulturkreis sich entwickelt haben. Das zeigt die Aufzählung der Tugenden, die *N. Hartmann* in seiner Ethik gibt[6], mit aller Klarheit. Eine Analyse der Werte ergibt, daß sie Abstraktionen dessen sind, was Klassen von gewerteten Gegenständen (im weitesten Sinn) gemeinsam ist. Wenn die Auszeichnung einer Gegenstandsklasse zusammen mit ihren sachlichen Eigenschaften abstrakt isoliert wird, dann ergibt sich das, was man einen „Wert" nennt. Derartige Werte treten an die Stelle der absoluten Werte. Sie sind nicht unabhängig von Personen und Sachen bestimmt, sie stehen nicht unwandelbar fest, sondern sie sind ihrem Ursprung nach persönliche Werte; sie kommen bestimmten Gegenständen in Bezug auf bestimmte Personen zu, sie sind individuell, subjektiv. Ob es Werte gibt, die überpersönlich, objektive, allgemeingültige sind, ist damit noch nicht gegeben, sondern völlig problematisch[7]. Jedenfalls kann man nicht, wie die Phänomenologie es tut, absolute Werte in Anspruch nehmen, die unabhängig von menschlichen Stellungnahmen bestehen und nur erschaut werden. Denn das wären platonische Wesenheiten, für die es keine Begründung gibt, eine haltlose Metaphysik.

---

[5] Siehe dazu *V. Kraft*, Rationale Moralbegründung, II. 4.
[6] *N. Hartmann*, Ethik, 3. Aufl. 1949, S. 416 f.
[7] Siehe S. 102.

3. Problematik und Notwendigkeit der Moralbegründung

Keine der Weisen, wie man die Moral begründen wollte, hat zum Ziel geführt. Alle haben darin versagt, für die Moral sichere Grundlagen aufzuweisen. Darüber ist man sich klar geworden, als die positivistische Strömung gegen Ende des 19. Jahrhunderts eine kritische Haltung brachte, und das hat zur Folge gehabt, daß eine theoretische Begründung der Moral überhaupt für unmöglich erklärt worden ist, so von *Simmel*[8], von *Lévy-Bruhl*[9], dann von *Ross*[10], als fraglose Voraussetzung bei *Lamont*[11]. Was man wissenschaftlich in Bezug auf die Moral leisten kann, ist nur ihre psychologische Untersuchung und so wird sie auch gegenwärtig behandelt[12]. Der Neopositivismus ist zum Teil soweit gegangen, den moralischen Aussagen überhaupt einen sachhaltigen Sinn abzusprechen; sie teilen nur Gefühle und Aufforderungen mit[13]. Gegenwärtig steht es also so, daß für die Moral eine stichhaltige Begründung nicht nur vollständig fehlt, sondern daß eine solche als unmöglich überhaupt ausgeschlossen wird.

Man muß sich aber die Lage klar vor Augen halten, welche entsteht, wenn es für die Moral keine Begründung gibt, welche jeder anerkennen muß. Dann bleibt die Moral entweder auf eine Autorität oder das Herkommen angewiesen oder sie wird völlig haltlos. Das Herkommen und die Autorität können ihre Überzeugungskraft verlieren und dann steht es jedem frei, ob er die Moral gelten lassen oder sie ablehnen will. Sie kann dann als ein bloßes Vorurteil betrachtet werden, als ein überlebter Wahn wie kein Schweinefleisch zu essen und andere abergläubische Vorschriften. Nur die dumm genug sind, freiwillig auf Vorteile zu verzichten und ihre Chancen nicht zu nützen, kleben dann noch an der Moral. Als freier Geist kann man sich den moralischen Forderungen mit bestem Gewissen entziehen, weil sie grundlos sind. Man kann sich jedoch auch für seine Person entscheiden, an der Moral festzuhalten. Aber dann gibt es keine allgemeingültige Moral, nur eine persönliche. Warum soll es aber überhaupt eine allgemeingültige Moral geben? Die Beantwortung dieser Frage

---

[8] G. *Simmel*, Einleitung in die Moralwissenschaft, 1892.
[9] L. *Lévy-Bruhl*, La Morale et la Science des Moeurs, 1903.
[10] A. *Ross*, Kritik der sogenannten praktischen Erkenntnis, 1933.
[11] W. *Lamont*, The Principles of Moral Judgement, 1946.
[12] *Braihwaite* in: Proceedings of the Aristotelian Society. N. S., 28/1928. A. *Hägerström* in: Philosophie der Gegenwart in Selbstdarstellungen, 7/1934. C. *Stevenson*, Language and Ethics, 1944.
[13] So *Ayer*, Language, Truth and Logic, 1936.

hängt davon ab, ob eine theoretische Begründung der Moral möglich ist oder nicht. Daß die Moralphilosophie bisher keine haltbare Begründung gefunden hat, beweist noch nicht, daß eine solche überhaupt unmöglich ist. Ob die Argumente, welche ihre Möglichkeit bestreiten, endgültig entscheidend sind, wird sich ergeben, wenn die grundsätzlichen Bedingungen einer Moralbegründung klargestellt werden.

II. Die Erkenntnis von Werten und Normen

1. Allgemeingültige Werte

Der Wert beruht auf der Beziehung eines Gegenstandes oder Vorganges zum Verhalten, daß er eine bestimmte Realition veranlaßt: er wirkt lustvoll oder unlustvoll, er gefällt oder mißfällt und wird deshalb gesucht und festgehalten oder abgewehrt und vermieden. Daß man diese Beziehung eines Gegenstandes kennt, daß sie ins Bewußtsein getreten ist, gibt ihm einen besonderen Charakter: einen Wert oder Unwert. Dieser wird in den Wertbegriffen erfaßt. Ein Wertbegriff enthält zwei Komponenten: den spezifischen Wertcharakter, die Auszeichnung, das wodurch Lob oder Tadel veranlaßt wird, und einen sachlichen Gehalt, dem der Wert zukommt[14]. Der Wertcharakter besteht in dem Bewußtsein der Besonderheit eines Gegenstandes, die darin liegt, daß er eine bestimmte Stellungnahme zu ihm hervorruft. Der Wertcharakter ist deshalb in allen Werten der gleiche, er ist allen gemeinsam. Die Verschiedenheit der Werte liegt in ihrem sachlichen Gehalt. Dieser besteht in der besonderen, jeweils verschiedenen Beschaffenheit des Gegenstandes, welche die Stellungnahme zu ihm bestimmt. Es ist eine *allgemeine* Beschaffenheit, z. B. Ehrlichkeit, nicht die individuelle eines einzelnen Gegenstandes, z. B. einer ehrlichen Rückerstattung von Geld. Ein Werturteil besteht darin, daß einem Gegenstand ein Wert oder Unwert zugeschrieben wird. Ein Werturteil setzt den Begriff eines Wertes voraus.

Was die verschiedenen Werte, Schönheit, Nützlichkeit, Sittlichkeit, voneinander unterscheidet, liegt nicht in ihrer Werthaftigkeit; darin sind sie gleich; es liegt in ihrer rein sachlichen Eigenart, im Erregen von Wohlgefallen durch Harmonie, in der Verwendbarkeit als Mittel für Zwecke, in einer normgemäßen Motivation. Die verschiedenen Werte

---

[14] Siehe *V. Kraft*, Die Grundlagen einer wissenschaftlichen Wertlehre, 2. Aufl. 1951, III.

sind nicht einheitliche, unzerlegbare Qualitäten, wie die phänomenologische Wertlehre behauptet. Nur der Wertcharakter, die Auszeichnung ist eine spezifische Qualität. Insofern hat *G. E. Moore* recht, wenn er erklärt, daß „gut" nicht analysierbar sei, sondern eine undefinierbare Qualität wie die einer Farbe[15]. Das trifft zu, wenn „gut" in einem ganz allgemeinen Sinn verstanden wird, als wertvoll überhaupt. Als „sittlich gut" ist es hingegen nicht mehr eine einheitliche Qualität, sondern das Spezifische des sittlich guten liegt in einem hinzutretenden sachlichen Gehalt, durch den es sich allein von anderen Arten des Guten unterscheidet. Aber auch der Wertcharakter läßt sich noch weiter aufklären. Er ist der Niederschlag dessen im Bewußtsein, daß ein Gegenstand, oder eine Klasse von Gegenständen, eine besondere praktische Bedeutung hat, indem er eine bestimmte Stellungnahme zu ihm, eine annehmende oder eine ablehnende, hervorruft. Der Gegenstand erhält dadurch eine Auszeichnung, eine Hervorhebung vor anderen.

Die Reaktion, welche ein Gegenstand bei jemandem auslöst, kann je nach der Person verschieden sein. Daß etwas gefällt oder mißfällt, hängt nicht nur von der Beschaffenheit des Gegenstandes ab, sondern auch von der der betreffenden Person. Die Wertungen sind subjektiv. Etwas ist wertvoll für eine bestimmte Person, eventuell auch nur zu einer bestimmten Zeit; für eine andere oder zu einer andern Zeit kann es wertlos oder sogar ein Unwert sein. Auch die Wertbegriffe sind zunächst persönliche. Demut oder Stolz ist für die einen ein Wert, für andere ein Unwert.

Das große Problem des Wertbereiches ist es, ob es überpersönliche Werte gibt, allgemeingültige, objektive. Werte sind dann nicht bloß persönlich, wenn sie allgemein als Werte gelten, also wenn Eigenschaften nicht bloß für Einzelne, sondern für alle in gleicher Weise die Stellungnahme bestimmen. Solche allgemeine Werte setzen gesetzmäßige Beziehungen zwischen generellen Gegenstandsbeschaffenheiten und Reaktionen aller in Betracht kommenden Personen voraus. Ob eine solche Gleichheit in den Wertungen tatsächlich besteht, ist eine empirische Frage. Es steht wohl außer Zweifel, daß jeder die Nützlichkeit als einen Wert betrachtet. Für die Gesundheit ist das nicht ausnahmslos der Fall. Denn es kann sich jemand in die Krankheit flüchten. Dann schätzt er die Gesundheit für sich nicht als wertvoll. Man könnte eine allgemeine Übereinstimmung in der Wertung auch für den Wert der Schönheit als der wohlgefälligen formalen Gestaltung in Anspruch nehmen. Denn Plastik und

---
[15] *G. E. Moore*, Principia ethica, 1903.

Malerei und Ornamente der Naturvölker und sogar der Prähistorie weisen in ihrer formalen Gestaltung dieselben harmonischen Verhältnisse auf, welche auch den Kunstwerken der Hochkulturen wesentlich sind. Nur deshalb können wir exotische Schöpfungen als Kunstwerke auffassen und schätzen. So kann auch die formale Schönheit als ein tatsächlich allgemeiner Wert angesehen werden. Aber man könnte dagegen einwenden, daß die letzte Entwicklung der Kunst zu zeigen scheine, daß die Verhältnisse in der formalen Gestaltung, die bisher als wohlgefällig empfunden worden sind, nunmehr diese Wirksamkeit verloren haben, und daß Verhältnisse, die bisher als disharmonisch erschienen sind, jetzt reizvoll geworden sind. Dann bestünde keine allgemeine Gesetzmäßigkeit der Reaktion und damit in der Wertung der Schönheit. Vor allem ist es aber in Bezug auf die Moral fragwürdig, ob es Wertungen von menschlichen Eigenschaften gibt, die allen moralischen Anschauungen gemeinsam sind.

Aber auch durchaus abgesehen davon, ob moralische Werte als tatsächlich allgemein anerkannte aufgewiesen werden können oder nicht, wird jedenfalls die Forderung gestellt, daß moralische Werte allgemein anerkannt werden *sollen*. Die Sittlichkeit *sollte* für alle ein Wert sein. An der tatsächlichen allgemeinen Anerkennung als Wert liegt es also nicht, daß ein Wert überpersönlich, objektiv ist. Es kommt dafür vielmehr darauf an, daß ein Wert von allen anerkannt werden *soll;* seine Werthaltung wird von allen *gefordert*. Überpersönliche, objektive Werte sind nicht *allgemein* vorliegende *persönliche* Werte, sondern als allgemeingültig *normierte* Werte. Das gilt auch für eine Rangordnung der Werte. Damit daß sich nun überpersönliche, allgemeingültige Werte zweifellos dadurch ergeben, daß eine Werthaltung als eine allgemeine normiert wird, dadurch verschiebt sich das Problem allgemeingültiger Werte auf das Problem allgemeingültiger Normen. Was eine Theorie der Moral zu leisten hat, ist daher die Aufstellung moralischer Normen und die Begründung ihrer Allgemeingültigkeit. Ihre Grundfragen sind: Wodurch wird der Inhalt moralischer Normen bestimmt? Und warum soll jeder sie anerkennen? Mit der Behauptung absoluter Werte geht man an dem eigentlichen Problem vorüber; dieses bleibt ungelöst.

2. *Heteronome und autonome Begründung von Normen*

Für die Aufstellung und die Gültigkeit von Normen gibt es zwei Möglichkeiten: sie können von anderer Seite für jemand geltend gemacht werden oder sie können von ihm selbst in Selbstverpflichtung angenommen werden; sie können heteronom oder autonom sein. Heteronome Normen müssen von einer Autorität ausgehen; und diese muß anerkannt werden, damit die Normen gültig sind. Die Anerkennung einer Autorität ist begrenzt. Es gibt keine Autorität, die allgemein anerkannt wurde und wird. Und es gibt mehrfache, verschiedene Autoritäten, religiöse, Parteien, die der Eltern, der Lehrer, der Kameraden u. a. Eine Autorität ist nicht dagegen gesichert, daß sie hinfällig wird. Wenn Normen *autonom* aufgestellt sind, bleiben sie den freien Entschlüssen des Einzelnen überlassen; sie müssen nicht dauernd aufrecht erhalten werden. Sie können durch andere ersetzt werden oder eine Normierung kann überhaupt aufgegeben werden. Auch wenn Normen emotional begründet sind, durch Mitgefühl, haben sie keine allgemeine Gültigkeit. Denn auf die entsprechenden Gefühle kann man nicht allgemein rechnen und man kann sie nicht einem jedem vorschreiben. Auf alle diese Weisen können allgemeingültige Normen nicht zustandekommen. Der einzige Weg, auf dem sie Allgemeingültigkeit erhalten können, ist der, daß sie aus eigener Einsicht aufgestellt werden, daß sie rational, durch Erkenntnis begründet werden können. Denn nur Erkenntnis ist allgemein gültig. Und auf eine eigene Einsicht gegründete Moral ist eine autonome. Es kommt daher alles darauf an, ob eine solche rationale Begründung der Moral (gegenüber einer emotionalen oder einer autoritären), möglich ist.

Für die Begründung von Normen muß man sich klar vor Augen halten, daß Normen von Aussagen über Tatsachen grundsätzlich verschieden sind. Normen sind Forderungen an das Verhalten. Sie enthalten nicht etwas, das tatsächlich vorhanden ist, wie es bei Aussagen über Tatsachen der Fall ist, sondern etwas, das erst sein soll. Es ist der Unterschied von Sein und Sollen, der sprachlich in dem von Indikativ und Imperativ zum Ausdruck kommt. Allerdings sind auch Forderungen Tatsachen in dem Sinn, daß sie tatsächlich gestellt und anerkannt werden, und als solche können sie empirisch festgestellt, erkannt werden. Aber damit werden Vorschriften nur ihrem Vorhandensein nach, als Tatsachen betrachtet, aber es bleibt dabei vollständig offen, ob und warum sie gültig sind. Darum kann eine deskriptive Moralwissenschaft keine Moral begründen.

Hinsichtlich der Erkenntnis von Normen gilt es seit *Hume* als eine feststehende Einsicht, daß Normen nicht aus der Erkenntnis von Tatsachen abgeleitet werden können[16]. Normen können nur aus anderen,

---
[16] Vgl. *H. Feigl*, Validation and Vindication (In: Philosophical Analysis, ed. by *M. Black*, 1950).

höheren abgeleitet werden. Das führt schließlich zu obersten Normen, die so nicht mehr begründet werden können. Eine Geltung a priori durch Vernunft oder Intuition gibt es für sie nicht, wie früher (S. 99 f.) ausgeführt worden ist. Worauf beruhen sie also? Können sie überhaupt allgemeingültig begründet werden? Oder ist für sie nur eine dogmatische Festsetzung möglich? In diesem Fall erhalten sie Gültigkeit nur durch Übereinkunft oder durch Zwang. So ist sie aber labil und nicht allgemein.

Aber gibt es nicht Vorschriften, und nicht wenige, die durch die Erkenntnis von Tatsachen gegeben werden? Da sind die Vorschriften der Hygiene und die der Therapie. Z. B. soll man bei Zuckerkrankheit Zukker vermeiden und Insulin einnehmen. Das ist ein Verbot und ein Gebot, die sich beide aus der Erkenntnis von physiologischen und pathologischen Tatsachen ergeben, daraus daß die Sekretion von Insulin durch die Bauchspeicheldrüse gestört ist, weshalb Zucker schlecht verdaut wird und ins Blut übergeht, und weshalb Insulin zugeführt werden muß. Es gibt eine Menge von Vorschriften für die Ernährung, für Kleidung, Berufsarbeit usw. auf Grund wissenschaftlicher Erkenntnis. Die Technik beruht auf Vorschriften, die von der Physik und Chemie für ihre Anwendung auf konkrete Aufgaben gegeben werden. Eine rationale Wirtschaftspolitik wird durch Anweisungen für öffentliche Maßnahmen geleitet, die durch nationalökonomische und statistische Erkenntnisse bestimmt werden. So gehen zweifellos in ausgedehntestem Maß aus der Erkenntnis von Tatsachen Vorschriften, Forderungen hervor. Also lassen sich doch Normen aus Tatsachen ableiten? Um das klarzustellen, muß die Sachlage genauer analysiert werden.

Allen derartigen Fällen ist eines gemeinsam: es sind dabei immer Absichten, Ziele bestimmend, bei der Hygiene die Vorbeugung gegen Erkrankung, bei der Therapie deren Heilung, bei der Wirtschaftspolitik die Förderung der Wirtschaft, im Speziellen Produktivitätssteigerung, Vollbeschäftigung, gerechte Einkommenverteilung. Wie die Ziele erreicht werden können, wird aus tatsächlichen Beziehungen erkannt. Es sind Kausalbeziehungen. Die Zuckerkrankheit hat die mangelhafte Sekretion von Insulin die Ursache, und die Zufuhr von Insulin hat die Wirkung, daß durch sie die Wirkung der mangelhaften Sekretion, die Hyperklukämie, wenigstens zum Teil, aufgehoben wird. Die Kausalbeziehung tritt immer in Beziehung zu einer Absicht; sie lehrt, wie diese verwirklicht werden kann. Ihre Realisierung wird als Wirkung bestimmter Ursachen erkannt und damit werden diese als notwendige Bedingungen für die Erreichung des Zieles eingesehen. Aus der Kausalbeziehung geht damit die teleologische Beziehung von Mitteln für Zwecke hervor. Diese Transformation kommt dadurch zustande, daß die Kausalbeziehung mit einer Absicht, einem Ziel verknüpft wird. Dadurch kommt eine Beziehung auf einer anderen Ebene als der der Tatsachen zustande. Eine Kausalbeziehung betrifft *wirkliche* Vorgänge; wenn die Ursache eintritt, tritt die Wirkung ein. Eine Absicht betrifft einen Zustand, der erst erstrebt wird, der noch nicht real ist, und das Mittel ist eine Ursache, die erst herbeigeführt werden muß; wenn eine bestimmte Wirkung zum Ziel gesetzt ist, erfordert das, daß ihre Ursache verwirklicht wird. Eine teleologische Beziehung von Absicht und Mittel dafür betrifft Wirkungen und Ursachen, die nicht tatsächlich vorhanden sind, sondern erst realisiert werden sollen.

Die teleologische Beziehung gibt die Bedingung für die Erreichung eines Zieles an, für die Verwirklichung einer Absicht. Verwirklichen ist Handeln. So gibt sie eine Bedingung für Handeln an; und zwar für künftiges Handeln, damit eine Anweisung, eine Vorschrift. Denn durch die Erkenntnis der Bedingung für die Verwirklichung wird nicht mit Naturnotwendigkeit ein ihr entsprechendes Verhalten bewirkt. Denn es steht dem, der die Absicht hat, frei, ob er gemäß der Kausalbeziehung handeln will oder auf andere Weise oder ob er von der Verwirklichung seiner Absicht überhaupt abstehen will. Wenn zur Beseitigung einer Erkrankung eine Operation erforderlich ist, kann er vor dieser zurückscheuen und es mit untauglichen Mitteln versuchen oder auch der Krankheit ihren Lauf lassen. Deshalb wird das künftige Handeln durch die Erkenntnis der Bedingung für eine Verwirklichung nicht in der Weise bestimmt, daß ein ihr entsprechendes Handeln tatsächlich bewirkt wird, sondern es wird nur in Gedanken bestimmt. Es wird eine bestimmte Art von künftigem Handeln bewußt, und zwar als eine, die für die Verwirklichung der Absicht notwendig ist. Eine derartige Bestimmung von künftigem Handeln ist eine Anweisung, eine Vorschrift. Es wird damit ein bestimmtes Handeln *gefordert*. Man erkennt, wie man handeln *soll*. Damit tritt eine neue Kategorie neben die Tatsächlichkeit, das Sollen, die Forderung. Daß eine Forderung gestellt wird, kann eine Tatsache sein; aber daß es eine Forderung ist, die gestellt wird, damit wird etwas anderes ausgesagt als eine Tatsache. Darum erscheint es unmöglich, Aussagen von Sollen aus Tatsachen-Aussagen logisch abzuleiten. Aber es ist doch möglich, sie aus Tatsachen *besonderer Art* abzuleiten. Das Sollen kommt dadurch herein, daß eine Kausalbeziehung für ein Handeln bestimmend wird, und das Handeln kommt dadurch hinzu, daß die Kausalbeziehung mit einer Absicht verknüpft ist, die auf die Herbeiführung einer Wirkung gerichtet ist. Dadurch gibt die Erkenntnis einer Kausalbeziehung eine Anweisung für das Handeln, eine Vorschrift. Ihr *Inhalt* wird durch die Kausalbeziehung gegeben. Der Charakter der *Forderung* ergibt sich daraus, daß in den Tatsachen eine Absicht enthalten ist. Das wird eine genauere Analyse verdeutlichen.

Die Argumentation geht aus von der Tatsache: Ein Zustand z wird erstrebt, das heißt: er ist nicht tatsächlich vorhanden, sondern seine Verwirklichung wird zum Ziel gesetzt. Dazu tritt die Erkenntnis der Tatsachen-Beziehung: Der Zustand z ist die Wirkung einer Ursache u. Daraus ergibt sich die Implikation: Wenn der Zustand z erstrebt wird, ist die Bedingung für seine Verwirklichung die Verwirklichung der Ursache u. Damit das z erstrebt wird, ist nicht auch schon u zum Ziele gesetzt, sondern die Verwirklichung von u bildet eine zweite Zielsetzung außer der ursprünglichen. Diese zweite Zielsetzung ist aber nicht aktuell vorhanden, und sie wird durch die Erkenntnis ihrer Erforderlichkeit nicht mit Notwendigkeit herbeigeführt. Denn diese Erkenntnis fungiert für die zweite Zielsetzung als Motiv, und sie ist nur *eines* der möglichen Motive. Denn ein Entschluß wird ja nicht ausschließlich durch die Erkenntnis bestimmt, sondern auch durch Wünsche und Gefühle, emotional, irrational. Die zweite Zielsetzung *kann* durch die Erkenntnis ihrer Erforderlichkeit bewirkt werden, es *muß* aber nicht der Fall sein. Ob tatsächlich der Entschluß gefaßt wird, u herbeizuführen, bleibt offen. Aber die Erkenntnis, daß die Zielsetzung, u zu verwirklichen, notwendig ist, um z zu verwirklichen, gibt doch eine Bestimmung für das Handeln, nicht in der Weise, daß es ein solches Handeln unbedingt bewirkt, sondern daß sie die Art eines künftigen Handelns angibt. Es ist nicht eine *Voraussage* eines Handelns, einer Tatsache, sondern eine *Anweisung* zu einem solchen; und wegen der Notwendigkeit des Handelns für die Erreichung des Zieles ist es eine *Forderung*. Es ist nicht eine Aussage über ein Handeln, das erfolgen wird, sondern das erfolgen *soll*.

Man kann die logische Ableitung eines Sollens, einer Forderung aus Tatsachen (besonderer Art) in dieser Weise klar formulieren. Wenn jemand eine Absicht verwirklichen will und die Bedingung dafür erkannt hat, der muß diese Bedingung verwirklichen wollen, weil er sonst die Absicht nicht erreicht. Daraus ergibt sich gemäß dem modus ponens: NN will eine Absicht verwirklichen, also muß er die Bedingung dafür verwirklichen wollen. Daran schließt sich die weitere Erkenntnis: Die Verwirklichung der Bedingung erfordert den Entschluß einer zweiten Ziel-

2. Heteronome und autonome Begründung von Normen 109

setzung. Weil dieser Entschluß freisteht, bedeutet „müssen" hier nicht, daß die Absicht zusammen mit der Erkenntnis der Bedingung diesen Entschluß notwendig bewirkt, sondern es bedeutet eine Forderung: er *soll* die Bedingung verwirklichen.

Daß eine Forderung sich ergibt, wenn eine Absicht erreicht werden will, ist eine Erkenntnis. Denn es läßt sich logisch ableiten, wie gezeigt worden ist. Daß eine solche Forderung tatsächlich erfüllt wird, dafür wird die Erkenntnis zum *Motiv*. Diese Funktion der Erkenntnis als Motiv muß von ihrer Funktion als Erkenntnis*grund* klar unterschieden werden. „Grund" hat einen zweifachen Sinn (*Schopenhauer* hat sogar einen vierfachen unterschieden): er kann den Erkenntnisgrund bedeuten oder den Beweggrund, das Motiv. Für die Aufstellung und die Gültigkeit einer Forderung als einer Anweisung für das Handeln bildet die Erkenntnis der Bedingung für die Erreichung der Absicht den Erkenntnisgrund. Denn die Forderung ist daraus abgeleitet. Für die Erfüllung der Forderung durch die Ausführung der Handlung bildet die Erkenntnis der Forderung das Motiv.

Daß eine Forderung besteht, d. i. daß sie sich aus der Bedingung für die Erreichung einer Absicht ergibt, ist eine Erkenntnis. Die Forderung selbst ist keine Erkenntnis. Darum sind Forderungen nicht wahr oder falsch. Aber sie können richtig oder unrichtig sein, je nachdem, ob sie auf Grund von Erkenntnis gestellt werden oder ob sie aus falschen Voraussetzungen hervorgehen. Die zugrundeliegende Erkenntnis ist eine teleologische Beziehung, eine Tatsachen-Beziehung. Wenn diese wahr ist, dann ist die Forderung daraus richtig. Wenn sie hingegen auf einem Irrtum beruht, wie es z. B. bei magischen Prozeduren der Fall ist, dann ist sie unrichtig.

Eine Forderung, ein Sollen, hat dadurch Gültigkeit, daß sie erkannt ist; sie steht fest als Erkenntnis. Durch Ableitung aus einer Absicht und der Bedingung für ihre Erreichung können nur *hypothetische* Imperative begründet werden, nicht kategorische. Forderungen, die als unbedingte erhoben werden, können auf diese Weise nicht als gültig erwiesen werden. Denn die Ableitung erfolgt in einer Implikation. Auch wenn diese eine allgemeine ist: Jeder, der eine bestimmte Absicht hat, soll das und das tun, gilt dieses Sollen nur für den, der diese Absicht tatsächlich hat. Wer sie nicht hat, für den hat es keine Gültigkeit. Denn der Vordersatz der Implikation über die Absicht ist für ihn nicht erfüllt. Darum besteht für ihn die Forderung nicht, wenn sie auch als allgemeine — für alle, die die Absicht haben, — gültig bleibt.

Wenn auf diese Weise die Gültigkeit einer Forderung, eines Sollens begründet wird, dann ist damit immer nur ein *persönliches* Sollen aufgestellt. Denn es gilt nur für den, der eine bestimmte Absicht hat. Eine *allgemeine* Forderung, ein *überpersönliches* Sollen kann sich dadurch ergeben, daß jeder dieselbe Absicht hat und daß darum für jeden dieselbe Forderung gilt. Damit beruht die Allgemeinheit des Sollens auf der *tatsächlichen* Allgemeinheit einer Absicht und der Bedingung für ihre Erreichung. Eine allgemeine, überpersönliche Forderung kann aber auch dadurch gestellt werden, daß jeder eine bestimmte Absicht haben *soll*, also durch eine allgemeine Forderung. Diese kann darum nicht durch eine tatsächlich allgemeine Absicht und die Erkenntnis der Bedingung für ihre Erreichung begründet werden, sondern sie kann bloß dogmatisch oder als Voraussetzung durch Übereinkunft aufgestellt werden. Das ist für die Begründung der Moral von fundamentaler Bedeutung.

Die Forderungen, die auf die dargelegte Weise teleologisch begründet werden können, sind keineswegs *moralische* Forderungen. Sie sind viel allgemeiner. Sie bestehen in allen Forderungen, die auf Grund teleologischer Beziehungen zwischen Absichten und Mitteln zu ihrer Verwirklichung sich ergeben. Wer den Zweck will, muß die Mittel wollen; sonst kann er den Zweck nicht erreichen. Diese allgemeine Forderung gilt für die Erreichung von Absichten jeder Art, auch von unmoralischen. Wer augenblicklich sehr viel Geld erlangen will, der soll je nach Gelegenheit eine Defraudation oder einen Raub oder einen Raubmord verüben. Forderungen auf Grund teleologischer Beziehungen lassen beliebige Absichten und beliebige Mittel zu. Sie scheiden nicht zwischen gut und böse.

III. Die Begründung der sozialen Moral

Damit ist die Frage der Erkennbarkeit von Forderungen geklärt und damit sind die Voraussetzungen für die Begründung speziell moralischer Forderungen, Normen, gegeben. Die Begründung muß also so vor sich gehen, daß Ziele aufgewiesen werden, die für die Moral grundlegend sind, und Kausalbeziehungen, welche die Bedingungen für die Erreichung dieser Ziele, die Mittel dafür, angeben. Die Begründung wird so auf teleologischem Weg geleistet, durch Aufweisung von Mitteln für Zwecke. Die teleologische Erkenntnisweise ist die der technischen Wissenschaften. Sie ermöglicht die Anwendung der Erkenntnis auf praktische Zwecke, zur Erreichung von Zielen. Die Ethik erhält auf diese Weise einen unerwarteten Charakter: sie wird zu einer technischen Wissenschaft. Das wird wohl für viele ein schockierendes Ergebnis sein. Aber es gibt keine andere rationale Begründung für die Moral. Denn die Ethik kann nicht die Erkenntnis absoluter Werte und kategorischer Imperative sein, weil es diese nicht gibt.

1. *Begehrenbefriedigung*

Die erste Aufgabe ist also, das Ziel klarzustellen, dem die Moral dient. Es liegt nahe, den Zweck der Moral darin zu sehen, daß sie die individuelle Lebensführung und das Verhalten zu den Mitmenschen regeln soll. Aber warum sollen sie geregelt werden? Wozu? Die Frage zeigt, daß die Regelung nur ein Mittel darstellt. Was ist der eigentliche Zweck? Welchen Zweck die Moral hat, wird klar werden, wenn man sie ausgeschaltet denkt. Dann herrscht hemmungsloser Egoismus, aber nicht ausschließlich; auch spärlicher Altruismus ist vorhanden, im Pflegetrieb und durch Mitgefühl. Die allgemeinste Bestimmung des menschlichen Verhaltens ist: Jeder will sein Begehren befriedigen. Das gilt für jeden Menschen ohne Ausnahme, das bestimmt sein Verhalten von Natur aus, naturgesetzlich. Aber daß jeder alle seine Begehren befriedigen kann, ist unmöglich. Oft fehlen die Mittel dazu und oft hindern sich die Menschen gegenseitig daran. Was konkret begehrt wird, ist teils verschieden, teils gleichartig. Wenn von mehreren derselbe Gegenstand (im weitesten Sinn) begehrt wird, hat das notwendig zur Folge, daß nicht *alle* konkurrierenden Begehren befriedigt werden können. *Wessen* Begehren unbefriedigt bleibt, kann dadurch entschieden werden, daß alle beteiligten Individuen bis auf eines auf die Befriedigung ihres Begehrens freiwillig verzichten. Das hängt vom Belieben der Betreffenden ab. Es ist nicht so, daß jeder nur auf sich allein bedacht ist. Der Einzelne steht meist auch in Beziehungen zu anderen, die sich ebenfalls von Natur aus ergeben: das Verhältnis zu Kindern, zum Geschlechtspartner, zu Vertrauten. Dadurch wird er veranlaßt, auch für andere zu sorgen, auf andere Rücksicht zu nehmen. Aber diese nicht-egoistische Einstellung erstreckt sich nur auf einen sehr engen Kreis und sie ist keineswegs bei jedem vorhanden. Ein freiwilliger Verzicht erfolgt nur in einzelnen Fällen und in geringem Umfang. Er ist keineswegs die Regel. Darum können Konflikte, die durch Begehren desselben von Seiten mehrerer entstehen, nicht allgemein auf diese Weise gelöst werden.

Der Verzicht kann in einem solchen Konflikt aber auch erzwungen werden. Das kann in einem Streit durch Einschüchterung geschehen oder in einem offenen oder stillen Kampf, der durch körperliche Gewalt oder durch intellektuelle Überlegenheit geführt wird. Der Verzicht kann auch durch Täuschung, Lüge und Betrug herbeigeführt werden. Der Stärkere setzt sich durch und der Schwächere muß verzichten. Aber es ist nicht ein Kampf aller gegen alle. Es kämpft nicht jeder allein gegen alle anderen, sondern mehrere, viele schließen sich in einer Interessengemeinschaft zusammen und unterwerfen die andern. Und der Kampf ist nicht ein dauernder Zustand. Aus dem Kampf geht ein Verhältnis der Über- und Unterordnung hervor, wie schon bei höheren Tieren, so bei Hühnern und Dohlen, eine Rangordnung nach der Stärke sich bildet. Dadurch wird eine soziale Ordnung hergestellt, die Gesellschaftsform der Herrschaft. Aber Herrschaft wird nicht durch Kampf begründet, sie kann auch auf den Glauben an die Überlegenheit eines oder einiger, eines religiösen oder politischen Führers oder einer Führerschicht, stützen. Sie beruht dann auf freiwilliger Unterordnung. Es ist die patriarchalische Herrschaft, die religiöse oder politische Gefolgschaft. Sie fußt auf einer freiwilligen Bindung an autoritäre Satzungen bei den Beherrschten. Damit ist die Moral nicht gänzlich ausgeschlossen; es kann eine Art „Sklavenmoral", eine Moral der Gehorchenden bestehen, aber keine „Herrenmoral". Denn wer im Kampf der Stärkere ist, braucht sich nicht zu binden. Ohne Moral herrscht Kampf oder Zwangsordnung.

Herrschaft von Wenigen über Viele ist der Zustand, den das soziale Leben in der Geschichte aufweist und vielfach noch in der Gegenwart. Die Herrschenden erreichen weitgehend die Befriedigung ihrer Begehren, den Beherrschten wird sie mehr oder weniger weitgehend verwehrt. Die Begehren der Einzelnen werden so in sehr ungleichem Maß befriedigt und für alle nur unvollständig. Daß jeder alle seine Begehren befriedigen kann, ist jedenfalls ausgeschlossen. Das ist kein mögliches Ziel.

2. Der überpersönliche Gesichtspunkt

Ohne Moral herrscht weitgehend der *persönliche* Gesichtspunkt der eigenen Interessen. Es besteht fast ausschließlich das *individuelle* Ziel: ich will meine Begehren befriedigen. In der Moral tritt dem persönlichen Gesichtspunkt ein ganz anderer gegenüber, ein überpersönlicher. Er wird durch die Erkenntnis der allgemeinen Tatsache eingeführt, daß ich mit anderen in wesentlichen Eigenschaften gleichartig bin, körperlich und seelisch. Diese Erkenntnis erschließt sich zuerst in der Familie und in der Sippe, dann dehnt sie sich auf den Stamm und das Volk aus. Es sind die

2. Der überpersönliche Gesichtspunkt

Glieder der eigenen Gesellschaft, die als gleichartig erkannt werden. Aber der Einzelne kann nicht verkennen, daß auch diejenigen, die außerhalb der eigenen Gesellschaft stehen, die Fremden, die Barbaren, die Feinde, von der gleichen Art sind wie er. Als Menschen sind sie alle gleich. Die Artgleichheit der Menschen ist eine zoologische, also eine empirische Tatsache. Man könnte darüber hinaus auch geltend machen, daß die Menschen als Lebewesen auch mit allen anderen gleicher Art sind. Das hat auch der Buddhismus, besonders der tibetanische, insofern anerkannt, als er die Schonung der Tiere unter seine Moralvorschriften aufgenommen hat. Aber der Mensch nimmt eine Sonderstellung unter diesen ein; er unterscheidet sich von ihnen in einer Weise, die gerade in Bezug auf die Moral von ausschlaggebender Bedeutung ist. Es sind seine geistigen Fähigkeiten, Intelligenz, Denken, Sprache. Dadurch sind nur die Angehörigen der Klasse (im logischen Sinn) Mensch einander gleichartig und nur sie können zueinander in Kommunikation treten. Deshalb kommt nur die Artgleichheit als Mensch für die Moral in Betracht.

Die Erkenntnis der Artgleichheit tritt dem persönlichen Gesichtspunkt entgegen. Durch ihn wird der Gesichtspunkt der Allgemeinheit als ein überpersönlicher eingeführt. Unter diesem ergibt sich das individuelle Ziel: ich will meine Begehren befriedigen, als ein allgemeines; *jeder* will seine Begehren befriedigen, so wie ich. Ich bin nicht mehr der Einzige, sondern nur einer unter vielen anderen. Aber dieses Ziel aller, dieses allgemeine Ziel stellt noch keineswegs ein gemeinsames, ein überpersönliches Ziel dar. Denn jeder will eben nur *seine* Begehren befriedigen, ohne Rücksicht auf die der anderen. Ein überpersönliches Ziel ergibt sich erst damit, daß der Einzelne nicht bloß sein individuelles Ziel, *seine* Begehren-Befriedigung, vor Augen hat, sondern die Befriedigung der Begehren *aller* als ein Ziel neben seinem individuellen erkennt. Dieses ist aber nicht ein Ziel, das jeder tatsächlich erstrebt, sondern es ist eine *Forderung*, die dadurch gestellt wird, daß *alle* die Befriedigung ihrer Begehren erstreben. Sie ergibt sich aus dem Gesichtspunkt der Allgemeinheit infolge der Erkenntnis der Artgleichheit. Diese Forderung wird dem Einzelnen durch die Erkenntnis gestellt, das alle, mit denen er gleicher Art ist, dasselbe begehren wie er: eine Sonderstellung für sich, daß eine solche aber als allgemeine sich als selbstwidersprechend ausschließt. Durch diese Erkenntnis erhält die überpersönliche Forderung ihre Begründung.

Dazu tritt aber nun die weitere Erkenntnis, daß es unmöglich ist, daß jeder alle seine Begehren befriedigen kann, weil sie vielfach miteinander konkurrieren und daher ihre Befriedigung gegenseitig verhindern. Daß aber nur ich allein alle meine Begehren befriedigen kann, das schließt sich unter dem Gesichtspunkt der Allgemeinheit aus. Denn das würde bedeuten, daß ich eine Ausnahmsstellung unter allen erhalte, ein Vorrecht. Wenn die Begehren der anderen mit meinen unverträglich sind, dann verlange ich, daß nur meine Begehren erfüllt werden, aber die der anderen nicht. Aber dasselbe verlangen alle anderen auch; jeder will also eine Ausnahmsstellung. Das widerspricht sich aber selbst. Eine Ausnahmsstellung für jeden hebt sich selbst auf. Der Einzelne kann sich der Einsicht nicht verschließen, daß durch den Gesichtspunkt der Allgemeinheit eine Befriedigung aller Begehren nur für ihn allein ausgeschlossen wird. Denn sie steht im Widerspruch zur Artgleichheit. Deshalb kann die vollständige Begehrenbefriedigung nur für Einzelne nicht als ein überpersönliches Ziel aufgestellt werden.

Was so ausgeschlossen wird, ist die Befriedigung *aller* individuellen Begehren. Es ist unvermeidlich, daß einige nicht erfüllt werden können, wenn sie anderen widerstreiten. Deshalb kann das überpersönliche Ziel nur dahin gehen, daß die individuellen Begehren, wenn sie schon nicht alle, sondern nur eingeschränkt befriedigt werden können, so doch für alle in der gleichen Weise eingeschränkt werden. Diese Einschränkung der individuellen Begehren ist eine Forderung. Sie wird dadurch gestellt, daß nur auf diese Weise das überpersönliche Ziel einer Begehrenbefriedigung für alle erreicht werden kann. Darin, daß sie die Bedingung dafür enthält, liegt der Grund für ihre Gültigkeit. Wenn allen eine in gleicher Weise eingeschränkte Befriedigung ihrer Begehren zuteil wird, dann wird damit die Grundforderung einer allgemeinen Begehrenbefriedigung ohne individuelle Ausnahmen erfüllbar.

Damit eine Ausnahmsstellung einzelner vermieden wird, muß die Einschränkung der individuellen Begehren für alle in gleicher Weise erfolgen. Dazu muß sie durch allgemeine Normen geregelt werden, die für alle in gleicher Weise gültig sind. Das sind die moralischen Normen.

3. Die primären Ziele

Es kommt nun darauf an und ist von grundsätzlicher Wichtigkeit, welcher Gesichtspunkt für die Einschränkung der individuellen Begehren maßgebend sein soll. Wenn die Befriedigung eines individuellen Begehrens die Befriedigung eines fremden Begehrens verhindert, muß ein allgemeiner Grundsatz sagen, wer auf die Befriedigung seines Begeh-

3. Die primären Ziele

rens verzichten soll und welche Begehren vordringlich befriedigt werden sollen.

Vieles was begehrt wird, ist rein individuell, es wird nur durch die persönlichen Umstände veranlaßt. Aber es gibt auch Begehren, die allgemein sind, die sich bei jedem von Natur aus einstellen. Sie treten triebhaft auf, ohne daß das Ziel immer klar bewußt vor Augen steht. Das triebhafte Streben richtet sich größtenteils auf egoistische Ziele; aber auch altruistische sind vorhanden, im mütterlichen Pflegetrieb, im Liebesverhältnis, in der Solidarität mit anderen, in der Hilfsbereitschaft aus Mitgefühl.

Es gibt unter den naturgegebenen, triebhaften Begehren solche, deren Befriedigung allen anderen vorangehen muß, weil ihre Befriedigung die Bedingung für die Befriedigung aller anderen ist. Es ist in erster Linie das Streben nach Selbsterhaltung, nach Sicherung des eigenen Lebens. „Primum vivere." Es kann wohl jemand sein Leben für ein anderes Ziel opfern, aber dazu muß sein Lebenswille durch ein stärkeres Motiv überwunden werden. Der Buddhist verneint allerdings den Willen zum Leben. Aber daß ein hartes Training notwendig ist, um den Lebenswillen zu ertöten, beweist, daß dieser auch in ihm lebendig ist, daß die Selbsterhaltung auch *sein* ursprüngliches Ziel ist. Aber das Leiden hat eine solche Übermacht über ihn gewonnen, daß er sich nicht anders zu helfen weiß als die Voraussetzung für das Leiden, den Willen zum Leben aufzugeben. So liegt es auch beim Lebensüberdrüssigen. Das ursprüngliche und natürliche Ziel ist die Selbsterhaltung.

Jeder will aber nicht nur sein Leben erhalten, sondern auch nicht geschädigt werden. Jeder will nicht nur an seinem Leib und seiner Gesundheit und an seinem Eigentum keinen Schaden erleiden, sondern er will auch nicht seelisch leiden. Vordringlicher als die Lust ist die Abwehr der Unlust. Schädigung erregt Leiden; und sie beeinträchtigt die Möglichkeit, seine Begehren zu befriedigen. Deshalb muß Schädigung hintangehalten werden. Das ist ebenfalls ein naturgegebenes und darum allgemeines Ziel.

Im Altertum und auch in der Neuzeit ist mehrfach die Lust als das oberste Ziel angesehen worden. Aber die Befriedigung des Strebens nach Lust hat zur Voraussetzung, daß man tun kann, was man möchte. Deshalb kann die Lust nicht das oberste Ziel bilden. Vorerst muß die Handlungsfreiheit gegeben sein. Diese ist ein allgemein erstrebtes Ziel. Jeder will an der Ausführung seiner Absichten nicht gehindert werden und nicht zu Handlungen gezwungen werden, die er nicht will. Jeder will sich selbst frei bestimmen können. Wer unter Zwang steht oder abhängig ist, der ist in seinem Handeln schwer behindert, dessen Begehren muß vielfach unerfüllt bleiben. Freiheit des Handelns ist die Bedingung dafür, daß man erreichen kann, was man begehrt. Es gibt freilich viele, die nicht imstande sind, von einer Freiheit des Handelns vollen Gebrauch zu machen, nicht nur die Kinder, sondern auch die, welche sich nicht stark genug fühlen, um allein die Aufgaben, die ihnen das Leben stellt, zu bewältigen. Sie wollen geführt werden, aber nicht gezwungen werden. Sie ordnen sich freiwillig denen unter, die sie als überlegen empfinden. Die Freiheit der Selbstbestimmung geben sie damit nicht auf. Von ihr hängt es ab, ob und wieweit Begehren ihre Befriedigung finden können.

Endlich begehrt jeder naturnotwendig, von anderen unterstützt zu werden. Jeder ist auf fremde Hilfe angewiesen. Der Einzelne kann nicht allein leben, wenn er mehr als eine tierhafte Existenz führen will. Man übersieht leicht, daß ein Robinson oder ein Eremit nur mit Hilfe der Kenntnisse, die er durch die Tradition von seinen Vorfahren mitbekommen hat, sein Leben zu fristen imstande ist. Je mehr der Mensch mit steigender Kultur die Abhängigkeit von der Natur überwindet und die Naturkräfte beherrschen lernt, desto mehr wird er wieder von seinen Mitmenschen abhängig. Denn die Kultur basiert auf Kooperation. Seine Lebensbedürfnisse befriedigt er durch gemeinschaftliche Arbeit, seine Kenntnisse erwirbt er zum größten Teil von anderen und verwertet sie technisch zusammen mit anderen, und auch für seine Vergnügungen, für Feste und Tänze, für Schauspiel und Musik, für Kunst und Literatur braucht er die anderen. Die Hilfe von Seiten anderer ist ebenso eine unerläßliche Vorbedingung für die Befriedigung der Begehren wie die Selbsterhaltung und die Handlungsfreiheit.

Sicherheit des Lebens, Nicht-geschädigt-werden, Handlungsfreiheit und gegenseitige Hilfe sind naturgegebene allgemeine triebhafte Begehren. Es sind die primären Strebensziele, die vor allem verwirklicht werden müssen, weil sie die Vorbedingung für die Erfüllung aller anderen Begehren sind. Es ist zwar nicht ausgeschlossen, Begehren zu befriedigen, auch wenn das Leben nicht gesichert ist und wenn die Freiheit eingeschränkt ist und selbst wenn man ohne Hilfe bleibt. Aber je weniger diese Vorbedingungen erfüllt sind, desto mehr schrumpft die Möglichkeit ein, seine Begehren zu befriedigen. Es ist ja tautologisch, daß man, je weniger Freiheit man hat, desto weniger ausführen kann, was man will; und daß bei ungesichertem Leben die Erreichung der Absichten unsicherer ist als bei gesichertem. Nicht minder ist es klar, daß man um so weniger durchführen kann, je weniger Hilfe man findet. Aber jeder will seine Begehren so weit als möglich befriedigen. Wenn er sie schon nicht vollständig befriedigen kann, so möchte er doch ein Höchstmaß an Befriedigung erreichen. Die Vorbedingung dafür ist, daß Sicherheit des Lebens und keine Schädigung, Handlungsfreiheit und Hilfe gegeben sind. Das sind die primären Ziele, welche vor allen anderen verwirklicht werden müssen.

4. Die moralischen Forderungen

Wenn Begehren einander widerstreiten, müssen diejenigen Begehren, welche der Erreichung der primären Ziele im Wege stehen, unerfüllt bleiben. Dadurch können Konflikte schon von vornherein vermieden werden, oder wenn sie schon entstanden sind, können sie ohne Kampf gelöst werden. Aber es verzichtet nicht jeder immer von selbst auf die Befriedigung solcher Begehren, sondern der Verzicht muß gefordert werden. Diese Forderung wird dadurch begründet, daß die Erreichung der primären Ziele die Vorbedingung dafür ist, daß die anderen Begehren in weitestem Ausmaß für alle befriedigt werden können.

Die Grundforderung ist also, daß jeder von einem Begehren abstehen soll, dessen Befriedigung die Erreichung eines primären Zieles verhindert. Weil die primären Ziele mehrere sind, spaltet sich die Forderung in mehrere spezielle Forderungen gemäß den einzelnen primären Zielen. Damit ergeben sich die allgemeinen Normen für die Entscheidung, welche Begehren im Konfliktsfall erfüllt werden sollen und welche nicht.

So soll jeder alles unterlassen, was das Leben anderer gefährdet oder gar vernichtet. Man darf nicht nur niemanden töten, sondern auch nichts erstreben, was das Leben eines andern beeinträchtigt; man darf ihm keinen Schaden zufügen. Damit wird Raub und Diebstahl, und jede Art von Unwahrheit, Lüge, Betrug, Verleumdung, verwehrt. Jeder soll ferner alles unterlassen, was die Handlungsfreiheit eines andern einschränkt oder aufhebt. Er darf ihn nicht mit Gewalt zwingen oder durch Bedrohung in eine Zwangslage versetzen, welche seine freie Entscheidung illusorisch macht.

Aber die Einschränkung der Begehren genügt nicht. Durch sie bleibt nur ungetan, was der Lebenssicherheit und Freiheit zuwider läuft. Damit überläßt es jeder den anderen, ihre Ziele selbständig zu erreichen: er hindert sie nur nicht daran. Das würde hinreichen, wenn jeder imstande wäre, seine Ziele aus eigener Kraft zu verwirklichen. Aber das ist nicht der Fall. Jeder braucht die Unterstützung durch die anderen. Darum muß zu den Verboten auch ein Gebot hinzukommen: den anderen zu helfen, daß sie ihre Begehren befriedigen können, soweit es möglich ist. Alle streben nach Abwehr des Leidens und nach lustvollen Gefühlen. Darin soll man sie unterstützen, und auch darin, wenn sie ihr Leben aus persönlicher Unzulänglichkeit nicht zufriedenstellend gestalten können. Dazu ist der Überlegene besser imstande. Darum soll er den Schwächeren beistehen statt seine Überlegenheit gegen sie auszunützen. Dadurch geschieht es erst, daß die Individuen nicht bloß nebeneinander, miteinander, füreinander leben.

Diese Forderungen sind schon längst ausgesprochen worden, in religiösen Vorschriften und in der philosophischen Ethik, so zum Teil im Dekalog und in *Schopenhauers* Maxime, niemanden zu schädigen, sondern ihm zu helfen, und sie können auch als der konkrete Inhalt der Forderung angesehen werden, die *Kant* im kategorischen Imperativ erhoben hat, wie er ihn in der „Metaphysik der Sitten" formuliert hat: jeden Menschen als Selbstzweck und nicht als bloßes Mittel zu behandeln. Als Sklave, als Arbeiter oder Beamter oder Soldat ist der Mensch ein Mittel zur Durchführung von Aufgaben, die ihm andere stellen. Zum *bloßen* Mittel wird er gemacht, wenn er nur hinsichtlich der ihm aufgetragenen Leistung in Betracht gezogen wird. Hingegen jemanden als Selbstzweck zu nehmen, verlangt, daß er die Möglichkeit erhält, außer dieser Leistung ein eigenes Leben zu führen, das er selbst bestimmt. Das involviert, daß ihm Sicherheit seines Lebens und Handlungsfreiheit und Hilfe gewährt wird. Das ist es wohl auch, was mit dem oft gebrauchten, aber ungeklärten Begriff der Menschenwürde gemeint wird. Jemanden nicht menschenwürdig behandeln heißt, ihn wie ein Tier oder wie eine Sache behandeln. Seine Würde als Mensch besteht darin, daß er den Anspruch hat, als ein Wesen mit einer eigenen Lebenssphäre, mit eigenen Zielen und Interessen genommen zu werden.

Diese Forderungen der Moral bilden das *einzige* Mittel, um die Erreichung der primären Ziele für alle zu ermöglichen. Sie kann nur dadurch gewährleistet werden, daß das Verhalten der Einzelnen so geregelt wird, daß es diese Erreichung nicht verhindert, sondern fördert. Das wird durch die moralischen Normen von jedem verlangt.

5. Die Begründung ihrer Gültigkeit

Warum soll aber jeder die moralischen Forderungen anerkennen und erfüllen? Der Utilitarismus hat den Grund dafür darin gesucht, daß es im eigenen Interesse eines jeden liegt, wenn er dieses richtig versteht. Also aus dem *persönlichen* Gesichtspunkt soll sich die Notwendigkeit ergeben, den *überpersönlichen* Gesichtspunkt aufzunehmen. Weil der Einzelne Glied einer Gesellschaft ist und von dieser abhängt, muß er für sie und damit für alle sorgen. Wenn die Erreichung der primären Ziele für alle durch die moralischen Forderungen gesichert wird, dann ist sie auch für ihn gesichert. Aber die *allgemeine* Erreichung der primären Teile ist keine notwendige Bedingung für ihre *persönliche* Erreichung durch einen Einzelnen. Denn diese ist auch ohne jene möglich. Er kann sie sich dann im Kampf gegen die anderen erringen. Die Moral hindert ihn an der Befriedigung seiner Begehren. Denn sie legt ihm durch deren Beschränkung Opfer auf. Darum werden doch die moralischen Normen so oft beiseite geschoben und übertreten. Die Erfüllung der moralischen Normen liegt keineswegs in seinem persönlichen Interesse. Daß *alle* die primären Ziele erreichen sollen, läßt sich vom individuellen Gesichtspunkt des Einzelnen aus nicht begründen.

Unter seinem persönlichen Gesichtspunkt betrachtet der Einzelne in naiver Isolierung sich als den, dessen Begehren allein oder in erster Linie zu befriedigen sind. Die anderen werden nur soweit in Betracht gezogen als sie Gegner oder Freunde oder Mittel für seine Befriedigung sind. Die Wandlung kommt durch die Erkenntnis der Artgleichheit aller Menschen zustande. Er muß sich selbst als einen unter seinesgleichen erkennen. Infolgedessen muß er sie alle als Menschen respektieren, die alle so wie er ihre Begehren befriedigen wollen, und muß ihnen ein eigenes Leben zugestehen. Durch die Erkenntnis der menschlichen Gleichheit gelangt der Einzelne zum Gesichtspunkt der Allgemeinheit, er wird dadurch über den rein persönlichen Gesichtspunkt hinausgehoben. Durch den Gesichtspunkt der Allgemeinheit wird ihm ein *allgemeines* Ziel vor Augen gestellt, die Begehren-Befriedigung für alle.

Aber er erkennt weiter, daß es unmöglich ist, daß jeder alle seine Begehren befriedigt, weil sie zum Teil miteinander kollidieren, sondern daß sie nur in einem beschränkten Maße erfüllt werden können. Und er muß einsehen, daß er nicht für sich allein die vollständige Befriedigung seiner Begehren verlangen kann. Denn unter dem Gesichtspunkt der Allgemeinheit kann das jeder andere auch, und daß jeder alle seine Begehren

III. Die Begründung der sozialen Moral

befriedigen kann, ist eben unmöglich. Deshalb muß der Einzelne es aufgeben, vollständige Begehrenbefriedigung für sich zu verlangen. Wenn sich aber die persönliche Forderung einer Ungleichheit in der Erreichung der Begehren-Befriedigung für alle nicht aufrechterhalten läßt, dann muß jeder die gegenteilige überpersönliche Forderung anerkennen, daß sie *alle* erreichen sollen. Er muß dieses überpersönliche Ziel aufnehmen und helfen, es zu verwirklichen. Daran schließt sich aber nun die Erkenntnis, daß das allgemeine Ziel der Begehren-Befriedigung für jeden dann, und nur dann, erreicht werden kann, wenn jeder seine Begehren so einschränkt, daß Konflikte und Kampf vermieden werden. Welche von den widerstreitenden Begehren aufgegeben und welche erfüllt werden sollen, dafür gibt die Erkenntnis den Entscheidungs-Gesichtspunkt, daß die Erfüllung bestimmter Begehren die Bedingung für die weitestgehende Erfüllung aller anderen ist. Und danach strebt ja jeder. Diese primären Ziele sind Sicherheit des Lebens und keine Schädigung, Freiheit und Hilfe. Diese sollen vor allen erfüllt werden. Das wird von allen in gleicher Weise gefordert. Das sind die moralischen Forderungen. Sie anzuerkennen, wird der Einzelne genötigt durch die sich an-einanderschließenden Erkenntnisse, wie sie eben vorgeführt worden sind.

Die Angelpunkte für die Begründung der Gültigkeit der moralischen Forderungen sind: Die Erkenntnis führt den Einzelnen aus seiner egoistischen Isolierung heraus, indem sie ihm seine Gleichheit mit allen anderen enthüllt. Sie stellt ein gemeinsames, überpersönliches Ziel auf: Befriedigung der Begehren für alle, und sie zeigt die Bedingung für seine Erreichung: gleiche Einschränkung der Begehren gemäß dem Vorrang der primären Ziele. Der Grund, warum jeder die Forderungen der Moral anerkennen muß, ist also einerseits sein persönliches Ziel der Befriedigung seiner eigenen Begehren und andererseits die Erkenntnis der Artgleichheit und des überpersönlichen Zieles der Begehrenbefriedigung für alle und der Bedingung für die Erreichung dieses Zieles. Es ist das eigene Ziel und die Erkenntnis von Tatsachen. Diese gibt ihm ein neues, überpersönliches Ziel und zeigt ihm die Bedingung für dessen Erreichung. Das neue Ziel muß er übernehmen infolge der Erkenntnis, daß das egoistische Ziel der Begehren-Befriedigung für ihn allein als ein allgemeines widerspruchsvoll ist und sich deshalb ausschließt (darin analog zu *Kants* Kriterium der Verallgemeinerung). Die Gültigkeit der Forderung der überpersönlichen Zielsetzung und der moralischen Normen, welche das Mittel zu ihrer Erreichung bilden, wird somit in derselben Weise begründet, wie sie früher (S. 106 f.) für die Begründung von Forderungen durch Tatsachen auseinandergesetzt worden ist. Die möglichste Befriedigung der Begehren für alle ist der Zweck der Moral und die Normen für die Beschränkung der Begehren zugunsten der Erreichung der primären Ziele sind das Mittel dafür. Weil der Zweck anerkannt werden muß, darum muß auch das Mittel zu seiner Erreichung anerkannt werden.

6. *Ungleichheit der Begehrenbefriedigung*

Der Zweck der Moral, Begehren-Befriedigung für alle, muß von jedem anerkannt werden, weil es keinen Grund dafür gibt, daß der Einzelne sie nur für sich allein in Anspruch nehmen kann. Aber könnte er nicht mit *Stirner* argumentieren, daß ein unüberbrückbarer Unterschied zwischen mir und allen anderen besteht. Ich allein fühle unmittelbar die Befriedigung und die Unbefriedigung meines Strebens; die Begehren der anderen und ihre Freuden und Leiden kann ich nur nachfühlen. Ich erlebe sie nicht direkt und muß sie überhaupt nicht nacherleben. Darin liegt eine unaufhebbare Ungleichheit. Aber das kann nicht den Grund dafür ergeben, daß nur ich alle meine Begehren befriedigen soll. Denn auch darin, daß jeder nur seine eigenen Erlebnisse hat, sind alle gleich. Es kann daraufhin jeder, und darum keiner, eine Sonderstellung verlangen. Damit läßt sich keine Ungleichheit in der Erreichung der persönlichen Ziele begründen.

Aber es gibt eine sehr ernst zu nehmende Möglichkeit, eine Ungleichheit der Begehren-Befriedigung zu begründen. Man könnte die Tatsache geltend machen, welche *Nietzsche* zur Grundlage seiner Moralkritik und Verkündigung gemacht hat: die tatsächliche Ungleichheit der Menschen. Es gibt doch bedeutende Unterschiede zwischen den Individuen, zwischen den Völkern, den Rassen. Die einen sind den anderen überlegen durch Kraft, durch Energie, durch Intelligenz, durch höhere Begabung oder durch höhere Entwicklung. Das gibt Grund genug, den Überlegenen eine Sonderstellung zuzubilligen. Nicht jeder beliebige kann sie in Anspruch nehmen, sondern nur besonders Qualifizierte. Dadurch wird der Selbstwiderspruch einer allgemeinen Ausnahme vermieden.

Aber welche sind die Überlegenen? Welche Eigenschaften sind dafür maßgebend? Das ist die erste Frage. Ist es körperliche Kraft und Gewandtheit und Gesundheit? Oder ist es geistige Begabung, Intelligenz, Schöpferkraft, oder Energie oder Reichtum und Tiefe des Gefühls — oder alles das zusammen? Die Kriterien, nach denen die Überlegenheit bestimmt wird, werden durch Wertung persönlicher Eigenschaften gegeben. Aber da es keine absoluten Werte gibt, kann keine allgemeingültige Wertung zugrundegelegt werden.

Bei einer Auswahl der Überlegenen würden sich verschiedene Wertungsgesichtspunkte gegenüberstehen, denn die Ideale menschlicher Art sind verschieden. Welche Eigenschaften für die Auslese bestimmend sein sollen, darüber wird infolgedessen keine Einigkeit bestehen und es wird sich darum keine einheitliche Auslese der Überragenden ergeben.

Auf welche Weise sollen aber nun die Überlegenen ausgesondert werden? Das ist die zweite Frage. Durch eine Auswahl können sie nicht bestimmt werden, höchstens in Bezug auf die körperliche Überlegenheit, aber nicht in geistiger Hinsicht. Denn wenn diese durch eine Gesellschaft vorgenommen wird, sind darin die Durchschnittsmenschen samt den Minderen in der Mehrzahl und diese haben nicht das Urteilsvermögen, um die Überlegenen zu erkennen. Gerade je mehr sie von diesen überragt werden, desto fremder stehen sie ihnen gegenüber. So manche sind erst nach ihrem Tod in ihrer Größe erkannt worden. Die von der öffentlichen Meinung als die „Prominenten" ausgewählt werden, sind diejenigen, welche viel in der Öffentlichkeit hervortreten oder ihr suggeriert werden. Nur die Überlegenen selbst könnten entscheiden, wer zu ihnen gehört. Dazu müßten sie aber bereits ausgewählt sein — eine pet. princ.!

Wer die Überlegenen sind, deren Begehren vor denen der anderen befriedigt werden sollen, kann somit nicht durch allgemeine Grundsätze, durch Auswahlkriterien bestimmt werden. Wer überlegen ist, muß sich dadurch herausstellen, daß er sich in der Konkurrenz um die Befriedigung der Begehren als überlegen erweist. Die Privilegierten können ihre Privilegien nicht durch Normen zugeteilt erhalten, sondern sie müssen sie sich selbst erwerben. Damit ist die Alternative, welche der Gleichheit in der Begehren-Befriedigung gegenübersteht, der Kampf der Einzelnen miteinander, mit Gewalt oder mit Intelligenz. Es ist der Zustand, wie er als der ohne Moral sich ergibt. Ungehindert durch beschränkende Normen kann jeder auf jede Weise die anderen zwingen, von ihren Begehren abzustehen, wenn sie der Befriedigung seiner eigenen Begehren im Wege stehen. Die Alternative ist nicht eine andere Moral, sondern überhaupt keine Moral, auch keine „Herrenmoral". *Nietzsches* Herrenmoral ist die Verkündigung eines *Ideals*, des Ideales eines „neuen Adels". Es ist ein neues Ziel, das durch Festsetzung aufgestellt wird, nicht ein naturgegebenes. Aber warum soll das Ideal der vornehmen Gesinnung nur auf Wenige beschränkt bleiben? Warum soll es nicht ein fernes Ziel

6. Ungleichheit der Begehrenbefriedigung

für alle sein? Eine Moral liegt nicht im Interesse der Stärkeren, sie widerstreitet ihm. Was er braucht, ist Ungebundenheit: nichts soll ihn hindern, seine Begehren zu erfüllen. An die Stelle der Moral tritt für ihn das „Recht des Stärkeren".

Aber die Überlegenheit muß nicht immer durch Kampf gewonnen sein, sie kann sich auch friedlich ergeben. Jemand kann auch dadurch Überlegenheit erhalten, daß andere an seine Überlegenheit glauben und sich ihm deshalb freiwillig unterordnen und seine Forderungen erfüllen. Das ist der Fall bei Propheten und Schamanen, bei Häuptlingen und Demagogen, bei Führern aller Art. Dadurch entsteht eine Gefolgschaft. Sie ist eine freiwillige Bindung zu Gehorsam und Treue gegenüber den Führern. Damit bringt sie eine Moral mit sich, aber nur für die vielen Schwächeren, nicht für die wenigen Starken. Diese sind ungebunden. Aber die Moral der Unterordnung ist immer auf eine Gesellschaft beschränkt, auf einen sozialen Verband. Er kann ein großer oder ein kleiner sein, eine religiöse Gemeinschaft, ein patriarchalisches Gemeinwesen, oder eine Gangsterbande. Der Verband muß sich gleichfalls behaupten gegenüber anderen Verbänden oder gegen Einzelne, die ihn bedrohen. Es herrscht immer wieder der Kampf. Es besteht keine alle umfassende Moral, welche an die Stelle der Moral der gleichen Befriedigung für alle treten könnte.

Aber auch wenn die Überlegenen nicht durch moralische Forderungen gebunden sind, wenn sie durch Gewalt oder Betrug oder Suggestion die anderen ihrem Willen unterwerfen können, haben sie noch keine Gewähr, daß sie ihre Begehren vollständig befriedigen können. Auch sie können ihre Begehren nur soweit erfüllen als sie es durchzusetzen vermögen. Denn es besteht eine Abstufung der Überlegenheit. Die Starken können noch Stärkeren unterliegen; denen müssen sie nachgeben und darum Begehren unerfüllt lassen. So können diejenigen wechseln, die überlegen sind; es müssen nicht immer dieselben Individuen bleiben. Auch wenn sie eine Oberschicht, die Herrschenden, bilden, sind sie nicht gegen Depossedierung von außen oder innen geschützt. Die Sonderstellung der Überlegenen ist nicht gesichert.

Es steht also so, daß immer nur eine *beschränkte* Begehren-Befriedigung möglich ist, auch für die Überlegenen. Die Alternative, welche der Gleichheit in der Befriedigung der wichtigsten Begehren für alle die Ungleichheit gegenüberstellt, bringt keine *vollständige* Befriedigung wenigstens für Einzelne. Der Unterschied liegt nur darin, daß die Begehren-Befriedigung einmal in gleicher Weise für alle durch Normen beschränkt wird, das anderemal durch die Fähigkeit der Einzelnen, sich durchzusetzen. In der Alternative zu den moralischen Forderungen ist lediglich das individuelle Ziel der ausschließlichen Befriedigung der eigenen Begehren maßgebend; es wird überhaupt kein überpersönliches Ziel aufgestellt. Den Grund dafür, die Ungleichheit in der Begehren-Befriedigung ihrer Gleichheit entgegenzusetzen, gibt die Verschiedenheit unter den Menschen. Aber diese kann keinen hinreichenden Grund dafür bilden, die moralischen Forderungen zu verneinen. Denn die Verschiedenheit ist der Artgleichheit untergeordnet. Diese ist daher das Maßgebende und die Verschiedenheit kann nur innerhalb ihrer zur Geltung gebracht werden.

Aber es ist nicht einfach die Tatsache dieser Verschiedenheit, welche die Privilegierung der Überlegenen veranlaßt. Es wird damit ein besonderes Ziel verfolgt: die Auslese der Überlegenen und deren Förderung. Das ist nun gleichfalls ein überpersönliches Ziel wie das, dem die Moral dient. Aber die beiden Ziele stehen sich nicht unvereinbar gegenüber. Nur Gleichheit und Ungleichheit der Begehren-Befriedigung schließen sich aus, nicht auch die Gleichheit für alle und eine Privilegierung der Überlegenen. Diese ist auch im Rahmen der Moral möglich. Und sie ist nicht nur möglich, sondern sogar notwendig. Die Auslese und Bewahrung einer Elite ist unerläßlich, wenn die Höhe der Kultur und ihr Fortschritt gewahrt bleiben soll, heute mehr denn je. Denn durch die so gesteigerte Kommunikation, durch die Massenmedien des Rundfunks und der Presse, durch die Ausbreitung der europäisch-amerikanischen Zivilisation auf die übrige Welt wird eine Nivellierung in geistiger Hinsicht bewirkt. Denn der Gehalt dessen, was so verbreitet wird, muß der Fassungskraft und den Interessen der Durchschnittsmenschen angepaßt sein. Demgegenüber kommt es auf das Vorhandensein einer Elite an, auf Menschen, die schöpferisch und selbständig sind und die anderen leiten können. Die Vielen können nicht das leisten, was über die durchschnittliche Leistungsfähigkeit hinausgeht. Kunst und Wissenschaft und Technik sind aber auf hervorragende Begabungen angewiesen. Und es gibt viele, die ihr Leben nicht aus eigenem zu gestalten vermögen, sondern eine Führung und Hilfe brauchen. Und vor allem, indem sie ein Gemeinwesen, einen Staat bilden, brauchen sie Führer, welche die Dispositionen für das gemeinsame Leben treffen. Dazu sind Menschen erforderlich, die den Durchschnitt überragen. Es kommt deshalb darauf an, die Überlegenen zu erkennen und zu fördern. Ihnen eine bevorzugte Befriedigung ihrer Begehren zu gewähren, ist möglich, ohne daß darum die Erreichung der primären Ziele für alle aufgegeben oder beeinträchtigt werden muß. Aber die Schwierigkeiten einer Auswahl der Überlegen, wie sie früher angeführt worden sind, bleiben allerdings bestehen: sich über die Werte zu einigen, durch welche die Überlegenheit bestimmt wird, und zu erkennen, welchen sie zukommen.

7. Freiwillige Befolgung der Normen

Die Forderungen der Moral sollen freiwillig erfüllt werden, das ist für sie wesentlich. Der Freiwilligkeit steht der Zwang gegenüber. Die Befolgung von Normen wird dadurch erzwungen, daß ihre Verletzung durch Gewaltanwendung verhindert wird. Eine Norm kann nun auch deshalb befolgt werden, weil man Gewaltanwendung oder andere Unlustfolgen zu befürchten hat, wenn sie nicht befolgt wird. Auch dann erfolgt die Befolgung freiwillig. Denn man kann sie ja auch unterlassen. Es kommt für den *moralischen* Charakter einer Befolgung auf die Motivation an. Wenn die Vermeidung von Unlustfolgen das Motiv für die Erfüllung einer moralischen Forderung bildet, dann ist das persönliche Interesse maßgebend, nicht das überpersönliche Ziel der Erreichung der primären Ziele für alle, das für die Moral konstitutiv ist. Nur wenn eine Forderung deshalb erfüllt wird, weil sie sich aus diesem Ziel ergibt, als Bedingung für seine Erreichung, ist die Motivation moralisch. Nur diese Art von Freiwilligkeit entspricht der Moral[17].

Die moralischen Normen ergeben aber nicht nur Verpflichtungen, sondern auch Berechtigungen. Jeder muß nicht nur den anderen gegenüber die Normen befolgen, sondern das müssen auch alle anderen ihm gegenüber. Das von ihnen zu verlangen, wird er durch die Allgemeingültigkeit der Normen berechtigt. Rechte müssen nicht eigens festgelegt werden, sie sind das logische Korrelat von Pflichten, auch in moralischer Hinsicht[18]. Aber damit ist noch nicht auch das moralische Recht gegeben, sich dagegen zu wehren und zu verhindern, daß eine Norm ihm gegenüber verletzt wird. Die Berechtigung eines jeden besteht nur in der Verpflichtung der anderen zur freiwilligen Befolgung der Normen. Wenn diese versagt wird, geben die Normen kein Mittel, ihren Forderungen Geltung

---

[17] Siehe dazu S. 105.

[18] Was *A. Verdroß* auch für das Recht anerkennt: es hat jede Rechtspflicht die Berechtigung zum notwendigen Korrelat", aber für die Moral negiert: „Die Moral gibt aber keinem eine Berechtigung" (Abendländische Rechtsphilosophie, 1956, S. 249).

zu verschaffen. Wenn sie nicht freiwillig erfüllt werden, bleiben sie dann eben unerfüllt.

8. Verletzung der Normen

Aber daß die Normen der Moral ausnahmslos von allen freiwillig befolgt werden, ist ein Ideal. Es gibt jedoch in einer Gesellschaft immer solche, welche die moralischen Forderungen nicht erfaßt haben oder durch andere Motive abgehalten werden, sie zu erfüllen. Infolge dessen wird den moralischen Normen vielfach zuwider gehandelt. Aber die Moral verlangt nur, daß ihre Normen freiwillig befolgt werden. Was geschehen soll, wenn sie nicht befolgt werden, darüber sagen ihre Normen noch nichts. Die Forderung: Du sollst nicht töten, enthält noch nicht: Du sollst die Tötung eines anderen verhindern. Die Forderung schließt nicht einmal ein: Du darfst dich dagegen wehren, daß du selbst getötet wirst. Es wird im Gegenteil durch die moralische Forderung, niemanden zu schädigen, ausgeschlossen. Denn die Abwehr erfordert Gewaltanwendung und führt zur Schädigung des Angreifers. Dieser sollte von seiner Tötungsabsicht abstehen, weil sie dem primären Ziel der Lebenserhaltung widerspricht. Wenn er es nicht tut, kann man ihn nicht dazu zwingen, ohne eine Norm zu verletzen.

Um die Geltung ihrer Normen durchzusetzen, hat die Moral nicht Strafen zur Verfügung. Denn Strafen stehen im Widerspruch zur Moral. Die Strafen sind aus dem Bedürfnis nach Vergeltung hervorgegangen. Der Übeltäter hat die Regeln der Ordnung verletzt, er soll dafür büßen. Wie er Leid verursacht hat, soll er selbst leiden. Darum haben Strafen ursprünglich darin bestanden, dem Schuldigen Schmerzen, sogar körperliche Verstümmelungen zuzufügen. Es sollte ein Ausgleich von Leiden sein. Wenn heute die Strafen abgestuft werden, in der Höhe einer Geldstrafe oder in der Dauer der Inhaftierung, so wird dies nach der Schwere der Tat und nach mildernden oder erschwerenden Umständen bemessen, und damit ist der Gesichtspunkt der Vergeltung maßgebend. Aber durch Zufügen von Leiden kann die Verletzung einer Norm nicht wieder gutgemacht werden. Vergeltung läßt sich moralisch nicht rechtfertigen.

Strafen haben aber auch den Zweck, zur Abschreckung gegen die Verletzung einer Norm zu dienen. Diese sollen durch Furcht vor Unlust-Folgen verhindert werden. Wenn Menschen einfache und starke Motive brauchen, um von Normverletzungen abgehalten zu werden, dann müssen Leiden und die Furcht davor zur Motivierung herangezogen werden.

8. Verletzung der Normen

Wie für Kinder sind auch für Erwachsene Strafen das Mittel dazu. Es kommt auf eine Art von Dressur an. Wenn durch Unlustfolgen die Einhaltung der moralischen Normen herbeigeführt ist, ist das eine egoistische Motivation, keine moralische. Denn Moralität verlangt, daß man durch das Bewußtsein eines Sollens bestimmt wird, sich ihm gemäß zu entscheiden. Darum können Strafen, die durch Furcht vor Leiden wirken, keine Maßregeln der Moral sein.

Die moralischen Normen können nicht nur ihre Verletzung nicht verhindern, sondern ihre Verhinderung gerät sogar in Widerspruch zu den Normen. Denn die Verletzung einer Norm kann nicht verhindert werden, ohne daß dadurch neuerlich eine Norm verletzt wird. Die Verletzung einer Norm verhindern, heißt, sich einem fremden Willen widersetzen. Das führt zum Kampf. Damit wird jedenfalls die freie Selbstbestimmung eines andern beeinträchtigt, er wird geschädigt, es wird ihm Hilfe verweigert. Das ist unvermeidlich, wenn man sich gegen eine Gewalttat zur Wehr setzt, wenn man sich gegen Betrug zu schützen sucht, wenn man einem flüchtigen Räuber den Beistand verweigert, um sich und seine Beute in Sicherheit zu bringen. Die Verletzung einer Norm verhindern, bringt also unweigerlich wieder die Verletzung einer Norm mit sich. Auf eine initiative Norm-Verletzung folgt eine reaktive. Infolge dessen verstößt die Abwehr einer Norm-Verletzung gegen die moralischen Normen. Was die Nicht-Erfüllung einer moralischen Forderung moralisch zur Folge hat, ist nur moralische Schuld, Gewissensbisse und Reue und die Verpflichtung, die Geltung einer verletzten Norm wiederherzustellen, indem man die Verletzung soweit als möglich wieder gut macht. Dazu kommt das moralische Werturteil über den Übeltäter von seiten der anderen.

Damit würde aber Notwehr gegen Gewalttat und die Abwehr eines feindlichen Angriffes moralisch unerlaubt, ebenso der Kampf gegen Verbrechen aller Art, von Diebstahl, Raub und Mord, die Aufdeckung von Lügen und Betrug. Man müßte jede Übeltat in passiver Duldung geschehen lassen; man müßte jeder Mißachtung moralischer Normen tatenlos zusehen, man dürfte sie nicht verhindern. Dadurch würde die Regelung, die durch die Moral statt des Kampfes herbeigeführt werden soll, wieder wirkungslos. Sie würde sich weitgehend in schrankenlose Willkür auflösen. Eine Erreichung der primären Ziele für alle würde dadurch ausgeschlossen. Aber sie ist unerläßlich. Weil sie nur möglich ist, wenn ihr Vorrang vor der Befriedigung anderer Begehren durchgesetzt wird, muß eine Befriedigung der widerstreitenden Begehren verhindert werden. Damit ergibt sich eine moralische Antimonie: Man soll die Verletzung einer moralischen Norm verhindern, aber mit der Verhinderung wird unvermeidlich wieder eine moralische Norm verletzt. Man steht so vor der Alternative, entweder jede Verletzung einer Norm widerstandslos hinzunehmen oder durch ihre Verhinderung eine moralische Schuld auf sich zu laden — eine tragische Situation.

Um die Antimonie zu beheben, muß die Geltung der moralischen Normen eine Einschränkung erfahren. Sie können nicht unbeschränkt geltend gemacht werden. Das Kriterium dafür, welche Normen im Fall der Verhinderung einer Norm-Verletzung ihre Geltung verlieren sollte, wird durch den Unterschied zwischen initiativer und reaktiver Verletzung einer Norm und den Vorrang der primären Ziele gegeben. Wenn die Verhinderung einer initiativen Norm-Verletzung einer Norm widerstreiten würde, kann diese Norm nicht geltend gemacht werden. Ihre Geltung muß für diesen Fall aussetzen, damit die Verhinderung einer initiativen Norm-Verletzung moralisch möglich wird. Die Forderung, die freie Selbstbestimmung eines jeden zu achten, kann diesem nicht die schrankenlose Freiheit geben, zu tun, was ihm beliebt, sondern er kann seine Freiheit nur im Rahmen der übrigen Normen ausüben, nur soweit als diese durch sie nicht verletzt werden. Die Geltung der moralischen Normen muß fallweise soweit eingeschränkt werden, daß ihre Durchsetzung nicht wieder eine Normverletzung involviert. Die Maßnahmen, um eine initiative Norm-Verletzung zu verhindern, dürfen nicht eine reaktive Norm-Verletzung ergeben.

Das ist eine zusätzliche Normierung. Die Begründung für ihre Aufstellung und ihre Gültigkeit liegt in ihrer Notwendigkeit infolge der Tatsache, daß die moralischen Normen nicht immer befolgt werden, sondern oft verletzt werden. Deshalb reicht die Forderung ihrer freiwilligen Erfüllung nicht aus und es wird erforderlich, daß eine Nicht-Befolgung der Normen verhindert werden muß. Denn könnten die Normen ungehindert mißachtet werden, dann würden sie unwirksam werden. Die Moral würde ihren Zweck verfehlen, die Erreichung der primären Ziele für alle zu ermöglichen. Die Normierung der fallweisen Gültigkeitsbeschränkung der moralischen Normen hat somit darin den Grund ihrer Gültigkeit, daß die primären Ziele vor allen anderen erreicht werden sollen, weil nur dann die Begehren im weitesten Umfang befriedigt werden können, was alle wollen. Die Bedingung dafür ist, daß die Ausführung einer Absicht, welche der Erreichung eines primären Zieles widerstreitet, verhindert wird. Deshalb kann diese Verhinderung nicht durch eine moralische Norm verboten werden und deshalb muß diese für diesen Fall außer Kraft gesetzt werden.

Um initiative Verletzungen ihrer Normen zu verhindern, hat die Moral kein anderes Mittel, als daß sie die Geltung von Normen sistiert, wenn sie solche Verhinderung verbieten würden, und dadurch die Verhinderung moralisch möglich macht. Dadurch kann einer aktuellen Verletzung einer Norm Widerstand geleistet werden, auch gewaltsamer, auch bei Schädigung des Übeltäters. Ihre Abwehr wird moralisch zulässig. Wenn eine Norm-Verletzung schon geschehen ist, kann der Täter auf dieselbe Weise dazu verhalten werden, sie wieder gut zu machen, soweit das möglich ist. Und wenn neuerliche Norm-Verletzungen von seiner Seite vorauszusehen sind, dann kann diesen dadurch vorgebeugt werden, daß seine Handlungsfreiheit durch Gefangenschaft eingeschränkt wird. Ihre Dauer kann aber nicht nach der Schwere der Tat verschieden lang bemessen werden. Denn das hieße den Vergeltungsgesichtspunkt zugrunde legen. Ein Übeltäter muß solange gefangen gehalten werden, bis er sich unter pädagogischer Einwirkung gewandelt hat und keine Gefahr für die Gesellschaft mehr bildet; oder wenn eine solche Wandlung nicht stattfindet und aussichtslos ist, dann bleibt moralisch nichts anderes übrig als ihn dauernd gefangen zu halten, um die anderen vor ihm zu schützen. Wenn der Strafe heute neben der Vergeltung und der Abschreckung auch der Zweck der Besserung gegeben wird, dann zeigt sich darin der Einfluß der Moral auf die Auffassung der Strafe.

Die Geltung der moralischen Normen wird aber nur soweit aufgehoben, als es für die Verhinderung einer Normverletzung unvermeidlich ist. Ein Übeltäter wird nicht vogelfrei; auch zu seinen Gunsten gelten noch die Normen der Moral. Man darf einen ertappten Einbrecher nicht ohne weiteres niederschießen. Wenn dem Verbrecher im Kerker die Freiheit fast gänzlich vorenthalten wird, muß ihm doch weitgehend Hilfe zuteil werden für Ernährung, Bekleidung, bei Krankheit. Man darf ihn nicht mehr im Verließ verhungern lassen. Die Erreichung der primären Ziele soll auch dem Übeltäter gewahrt werden. soweit es mit der Verhinderung von Normverletzungen verträglich ist. Man muß auch den Übeltäter als eine eigenberechtigte Person achten, seine „Menschenwürde", weil eben auch er ein Mensch ist.

IV. Moral und Recht

1. Ergänzung der Moral durch Recht

Die Moral macht durch das fallweise Aussetzen ihrer Forderungen die gewaltsame Verhinderung von Verletzungen ihrer Normen möglich, aber sie *erlaubt* sie nur, sie kann sie nicht selbst durchführen. Denn dazu ist Zwang erforderlich. Wenn jemand eine Norm tatsächlich zu verletzen sucht, kann er nur durch irgend eine Art von Zwang oder die Scheu davor davon abgehalten werden. Wenn jemand eine vollzogene Schädigung nicht freiwillig wieder gut machen will, muß er dazu gezwungen werden, damit sie erfolgt. Um einen Übeltäter gefangen zu setzen, ist Zwang nötig. Zwang steht aber außerhalb der Moral, denn sie ist auf Freiwilligkeit gestellt. Darum ist die zwangsweise Verhinderung von Normverletzungen keine Sache der Moral mehr. Sie fällt einer anderen Instanz zu, dem Recht.

Im Recht wird der Zwang geregelt und durch Normen festgelegt, und vom Gericht und einer Exekutive wird der Zwang nach diesen Normen durchgeführt. Recht und Gericht sind Einrichtungen, durch welche die Verhinderung von Normverletzungen nicht lediglich dem betroffenen Einzelnen überlassen bleibt, wie es vielfach in primitiven Kulturen der Fall war, sondern durch eine überpersönliche Macht, sei es auch nur die eines rechtsprechenden Häuptlings, geleistet wird. Soweit die Forderungen der Moral nicht freiwillig erfüllt werden, soll ihnen durch das Recht Geltung verschafft werden. Das Recht soll die Moral ergänzen. Das ist eine Forderung, die dadurch begründet wird, daß das oberste Ziel, die Erreichung der primären Ziele für alle, nur auf diese Weise verwirklicht werden kann infolge der Tatsache, daß die moralischen Forderungen nicht von allen immer freiwillig erfüllt werden.

Aber kann das Recht nicht die Moral ersetzen? Kann es nicht allein das Verhalten der Menschen zueinander regeln? Ist die Moral nicht überflüssig, nachdem sie sich unter den tatsächlichen Verhältnissen als nicht ausreichend erweist? Aber das Recht genügt dazu nicht; es braucht im Gegenteil selbst die Moral zu seiner Ergänzung. Denn um den Normen des Rechts Geltung zu verschaffen, reicht Zwang allein nicht aus. Daß der Zwang durchgeführt wird, muß überwacht werden. Wenn diejenigen, die den Zwang ausüben sollen, es unterlassen, müssen sie selbst dazu gezwungen werden und so immer wieder bis zu einer obersten Instanz. Für diese gibt es aber ex definitione niemanden mehr, der ihr normge-

1. Ergänzung der Moral durch Recht

mäßes Funktionieren erzwingen kann. „Quis custodiat custodes?" Mindestens die oberste Instanz muß freiwillig die Normen befolgen[19]. Wenn den Organen des Rechts ein Gelöbnis treuer Pflichterfüllung abgenommen wird, appelliert das Recht an die Moral. Es verankert sich in der moralischen Verpflichtung. Durch Zwang allein oder Furcht davor kann es seine Normen nicht durchsetzen.

Noch weniger kann das Recht die Moral ersetzen. Die Ordnung, die das Recht herstellt, ist eine andere als die der Moral. Das Recht ist von vornherein nicht darauf eingestellt, daß durch seine Sätze die primären Ziele für alle erreicht werden. Es hat das im Gegenteil mehrfach für viele verhindert. Ganzen Schichten, den Sklaven, hat es die Sicherheit des Lebens genommen und die Freiheit aufs Äußerste eingeschränkt. Das Recht hat seine eigenen Ziele, die von denen der Moral vielfach ganz verschieden sind.

Das Recht ist ein eigener Komplex von Normen, die selbständig neben der Moral stehen und auf Festsetzung beruhen. Die Rechtssätze haben sich im Herkommen gebildet oder sie sind durch eine Autorität (Staat, Kirche, Diktator) aufgestellt oder sie sind durch Übereinkunft beschlossen. Der Inhalt der Normen wie ihre Geltungsweise ist im Recht und in der Moral verschieden. Außer ihrer freiwilligen Befolgung werden die Normen des Rechts durch eine Macht (Justiz) durchgesetzt; ihre Befolgung wird durch Strafen und die Furcht vor ihnen erzwungen, im Gegensatz zur Moral. Die Festsetzung des Inhalts der Gesetze erfolgt beliebig. Sie wird durch Zwecke bestimmt, die verschiedener Art sind: wirtschaftliche, machtpolitische (Sicherung der Herrschaft), sozialpolitische (Schutz der Schwachen), ideologische (Kommunismus u. a.), auch religiöse (im kanonischen Recht). Gegenüber den allgemeinen Normen der Moral werden durch die Sätze des Rechts in viel spezieller Weise wirtschaftliche, Familien- und andere Verhältnisse geregelt. Der Inhalt der Rechtsnormen ist ein anderer als der der moralischen. Er wird vom Gesetzgeber nach seinen Bedürfnissen bestimmt. Er muß dabei nicht von der Moral geleitet werden, sondern es sind selbständige Zwecke, die er damit verfolgt. Die Normen des Rechtes können in einer Weise festgesetzt werden, die der Moral widerstreitet. Man darf das Recht nicht lediglich in seiner heutigen Gestalt vor Augen haben, die bereits das Ergebnis einer langen Einwirkung der Moral ist, wiewohl auch in diesem Jahrhundert Gesetze erlassen worden sind, die in schwerem Gegensatz zur Moral standen. In seiner Vergangenheit war das Recht weit un-

---

[19] So auch *A. Verdroß*, Abendländische Rechtsphilosophie, 1958, S. 250.

moralischer als heute. Sklaverei und Leibeigenschaft, Kastenwesen, Verfolgung Andersgläubiger und Hexenprozesse, wirtschaftliche Ausbeutung und Rassen-Diskriminierung sind durch das Recht normiert worden.

Deshalb hat man seit dem Altertum an den Satzungen des jeweiligen Rechts Kritik geübt. Diese ist dahin gegangen, ob sie richtig sind. Dazu muß man ein Kriterium dafür haben, wann ein Rechtssatz richtig ist. Es muß eine Beschaffenheit aufgewiesen werden, die ein Rechtssatz haben muß, um richtig zu sein. Diese Beschaffenheit kann in der Zweckmäßigkeit einer Rechtsnorm bestehen; sie wird durch den Zweck bestimmt, der mit der Normierung verfolgt wird. So kann ein Rechtssatz unter dem Gesichtspunkt kritisiert werden, daß er in Bezug auf eine fortgeschrittene wirtschaftliche oder soziale Entwicklung rückständig und darum hinderlich ist. In dieser Weise ist eine Kritik auch dem Rechts-Positivismus möglich.

2. Moral und Naturrecht

Aber zum Unterschied davon hat man seit dem Altertum für das positive Recht auch eine Richtigkeit in einem ganz anderen, in einem absoluten Sinn gesucht. Als Kriterium für diese ist die Idee eines Naturrechts eingeführt worden, eines Rechtes, das nicht auf Satzung beruht, sondern unabhängig davon feststeht. Wieso es solches gibt, darüber haben sich die Ansichten im Lauf der langen Zeit sehr gewandelt. Ursprünglich war es eine kosmische Ordnung, eine von Gott gesetzte oder eine Naturordnung, in der es wurzelt. In der Neuzeit hat man das Wesen des Menschen zur Grundlage genommen und sein Wesen hat man zuerst dahin bestimmt, daß der Mensch durch seine Seele Glied eines überirdischen Reiches, also wieder einer Weltordnung ist; dann ist es dahin säkularisiert worden, daß der Mensch als ein Vernunftwesen seine Grundlage abgibt. Was als Naturrecht geltend gemacht worden ist, hat zumeist dazu gedient, „das Streben nach Änderung oder Erhaltung einer bestehenden Ordnung ... zu legitimieren"[20]. Man hat deshalb ein „objektives" Naturrecht von den Naturrechts*lehren* zu unterscheiden gesucht[21]. Damit stellt dieses aber eine platonische Idee dar, es wird damit eine metaphysische Voraussetzung eingeführt. Wenn man das Naturrecht hingegen empirisch begründen will, indem man es aus dem Wesen des Menschen abzu-

---

[20] Wörterbuch der Soziologie, hg. v. Bernsdorf und Bülow, 1955, S. 351.
[21] A. *Verdroß*, Abendländische Rechtsphilosophie, S. 240.

2. Moral und Naturrecht

leiten unternimmt, dann kann das nur in der Weise geschehen, daß man Ziele aufweist, die mit der Natur des Menschen gegeben sind, und die Bedingungen für deren Erreichung feststellt, und damit allgemeingültige Forderungen begründet. Wenn man diesen Weg einschlägt, wird man zur Moral geführt[22].

Ein Naturrecht, das die Grundlage für eine Richtigkeit des Rechtes bilden könnte, kann nicht aufgewiesen werden. Die Menschenrechte können nicht als Sätze des Naturrechtes angeführt werden. Sie sind Sätze eines nationalen und internationalen Rechtes, erst seit sie kodifiziert sind (1776, 1789, 1948). Sie als ein angeborenes Recht des Menschen anzusehen, ist haltlos. Daß alle Menschen als gleiche geboren werden, ist eine bloße Tatsache. Diese ergibt kein Recht, denn ein Recht enthält Forderungen und solche sind Tatsachen fremd. Und für Rechtsnormen ist es wesentlich, daß hinter ihnen eine Macht steht, die ihnen durch Zwang Geltung verschafft. Diese fehlt aber dem Naturrecht. Seine Normen können nur auf freiwillige Befolgung rechnen. Diese ist aber für die Moral charakteristisch. Es gibt kein Naturrecht neben der Moral, sondern diese tritt an die Stelle des Naturrechtes. Was im Naturrecht gesucht worden ist, ein Kriterium für die Richtigkeit des Rechts, das leistet die Moral. Sie enthält die grundsätzlichen Forderungen, welche das Recht erfüllen muß. Sie bildet das regulative Prinzip für das Recht, seine oberste Instanz.

Denn die oberste Aufgabe ist die Erreichung der primären Ziele für alle und die moralischen Forderungen enthalten die Bedingungen für ihre Realisierung. Darum ist die Moral dem Recht übergeordnet. Das Recht muß deshalb in den Dienst der Moral treten und ihre Aufgabe erfüllen helfen. Denn die moralischen Normen enthalten ganz allgemeine Forderungen; das Recht muß sie erst noch konkretisieren und auf die jeweiligen sozialen Verhältnisse anwenden und gegen Widerstände durchsetzen. Deshalb unterliegen die Sätze des Rechts der Kontrolle und Kritik der Moral. Wenn sie mit den Forderungen der Moral übereinstimmen, sind sie richtig, wenn sie widerstreiten, unrichtig — im moralischen Sinn, wenn auch gültiges positives Recht. Das hat eine sehr wichtige Folge: die *Moral* fordert, solches Recht nicht zu befolgen. Das Recht ist nicht souverän.

---

[22] Wenn man die Moral „im engeren Sinn" auf jenen Teil der Normen beschränkt, „der nach Ausscheidung des natürlichen Rechtsgesetzes übrig bleibt" (wie *Verdroß*, a.a.O., S. 248), und den übrigen Teil der „ganzen sittlichen Weltordnung" als Naturrecht bezeichnet, ist damit zugestanden, daß das Naturrecht der Moral „im weiteren Sinn" angehört.

So ergibt sich das Verhältnis von Moral und Recht als das einer gegenseitigen Ergänzung. Die Moral ist wohl für sich allein imstande, ihre Aufgabe, die Errichtung der primären Ziele für alle, zu erfüllen, aber nur wenn ihre Normen freiwillig befolgt werden. Weil das aber nicht immer der Fall ist, reicht sie dann nicht mehr aus; sie benötigt das Recht zur Durchsetzung ihrer Forderungen. Das Recht allein hinwider genügt nicht zur Realisierung seiner Normen. Es bedarf der Moral. Denn durch Androhung von Strafen die Anwendung seiner Gesetze herbeizuführen, reicht nicht hin. Das Recht muß mit dem Gelöbnis der Pflichterfüllung die moralische Verpflichtung heranziehen. Recht und Moral sind aufeinander angewiesen. Nur beide zusammen sind zugleich notwendig und hinreichend für die Verwirklichung der primären Ziele.

V. Individualmoral

Die Moral, wie sie im Vorausgehenden begründet worden ist, zeigt den Weg, wie alle die primären Ziele erreichen können. Daß sie jeder erreicht, hängt von dem Verhalten aller ab. Die bisher begründete Moral betrifft demgemäß das gegenseitige Verhältnis der Einzelnen. Sie regelt ihr Verhalten zueinander. Es ist somit eine *soziale* Moral. Aber damit ist die Funktion der Moral nicht erschöpft. Mit der Respektierung einer eigenen Lebenssphäre erhält der Einzelne die Möglichkeit, sich sein Leben nach Wunsch zu gestalten. Es wird ihm damit das Tor zu einem eigenen Leben geöffnet. Aber wie dieses Leben zu gestalten ist, was das individuelle Leben zum Ziel haben soll, darüber sagt die soziale Moral noch nichts. Es ist die Frage nach dem Sinn des Lebens. Diese Frage hat eine Individualethik zu beantworten.

1. Bisherige Bestimmungen

Mit der Lebenssicherheit und den anderen primären Zielen sind wohl die vordringlichen Ziele des individuellen Lebens schon bezeichnet. Aber wenn sie durch das Verhalten aller gemäß den Normen der sozialen Moral für jeden erreicht sind, wenn jeder sein Leben ungehindert führen kann, dann kommt es auf neue Ziele an, die seinem Leben einen Inhalt geben. Das nächste ist, das zu gewinnen, was zum Leben notwendig und wünschenswert ist. Das ist einigen, aber nicht vielen, von vornherein erspart. Der Kampf gegen Hunger und Not und die Abwehr des Leidens macht die Hauptsorge für den größten Teil der Menschheit aus. Daneben, und um so mehr je weniger diese Sorge das Handeln bestimmt, macht das triebhafte Streben nach Lust sich geltend. Lust wird vor allem durch Sinnesempfindungen erregt, durch Geschmack und Geruch, durch Gesicht und Gehör, so in der Kunst, durch sexuelle Empfindungen, man gewinnt sie auch in lustvollen Gefühlen, die sich einstellen, wenn man etwas erlangt, das Wertungen und Wünschen entspricht, mit der Befriedigung des Geltungsbedürfnisses durch Ansehen, durch Macht, aus dem engen Verhältnis zu geschätzten Menschen. In solchen Gefühlen besteht es, wenn man sich glücklich fühlt. Es ist ein emotioneller Zustand, der nicht nur in der wohltuenden Beruhigung durch die Befriedigung eines Begehrens besteht, darin daß der Drang gestillt ist, sondern auch in einem gesteigerten Wohlgefühl bis zu freudiger Erregung.

Lust und Glück werden von selbst erstrebt; sie müssen nicht erst vorgeschrieben werden. Deshalb sind sie von der antiken Ethik als selbstverständliche Ziele betrachtet worden und auch in der neuzeitlichen war es teilweise der Fall, in der Verknüpfung der Tugend mit dem Glück, in dem Ziel eines allgemeinen Glücks. Die Ethik hat den Weg gesucht, auf dem glückliches Leben am besten gewonnen wird, das heißt, sie hat die Bedingungen für die Erreichung dieses Zieles zu erkennen getrachtet und sie als Forderungen an die individuelle Lebensführung aufgestellt, als Forderungen einer Individualmoral.

Glücklich werden zu können, hängt von äußeren und inneren Bedingungen ab. Es muß das, was man begehrt, zur Verfügung stehen oder erreichbar sein. Und es kommt auch darauf an, *was* man begehrt. Es ist individuell sehr verschieden, welche Art von Lust erstrebt wird, und wodurch jemand glücklich wird. Für die einen besteht es darin, daß sie bei geringen Ansprüchen nichts tun müssen und in der Sonne liegen können, für die anderen, daß ihre intensive Tätigkeit von Erfolg gekrönt wird. Ob jemand die Menschen findet, mit denen zu leben ihn glücklich macht, hängt einerseits davon ab, was er von ihnen verlangt, andererseits davon, daß er mit den ihm entsprechenden Menschen zusammentrifft. Sowohl die äußeren wie die inneren Bedingungen, die für ein glückliches Leben erfüllt sein müssen, sind dem Einzelnen zum großen Teil — oder zum größten — vorgegeben, in den äußeren Umständen und in seinem individuellen Naturell und seinen Fähigkeiten. Nur zum geringeren kann sie jemand selbst herstellen. Auch für einen Napoleon war die unerläßliche Bedingung für seinen Aufstieg zum Kaiserthron, daß er in einer Zeit revolutionärer Umwälzung gelebt hat.

Weil die äußeren Bedingungen für ein glückliches Leben vielfach der Macht des Einzelnen entzogen sind, hat die Stoa gefordert, man soll allem, worüber man keine Macht hat, mit Gleichmut begegnen. Dadurch wird man innerlich frei von allem, was von außen störend eingreift und Leiden schafft. Dadurch wird man unempfindlich gegen Schicksalsschläge. Worauf es im Leben eigentlich ankommt, ist das Bewußtsein der erfüllten Pflicht, die Tugend (so auch *Fichte*). Dieses Bewußtsein macht den Menschen glücklich; und es zu erlangen, liegt ganz in der Hand des Einzelnen. Das Streben nach der Tugend erhält aber erst einen klaren Inhalt, wenn man weiß, worin die Tugend besteht. Die Angabe, in Übereinstimmung mit der Natur leben oder auch mit der Vernunft leben, genügt nicht. Damit ist die Bestimmung nur hinausgeschoben. Denn es ist ein Kriterium dafür notwendig, wann diese Übereinstimmung vorliegt. Es ist also kein eindeutiges positives Lebensziel damit gegeben.

Weil das Glück zu erlangen auf vielfache Schwierigkeiten stößt und nicht jedem vergönnt ist, hat man es in einen transzendenten Bereich verlegt. Das Leben soll zur Vorbereitung für ein anderes Leben dienen und so geführt werden, daß man die Glückseligkeit dadurch gewinnt, indem man den Forderungen entspricht, die dafür gestellt werden. Aber die transzendente Voraussetzung ist eine Sache des Glaubens, der nicht von jedem geteilt werden muß, und deshalb kann diese Zielsetzung nicht allgemein für jedes Leben gelten.

Damit, daß die Ethik den Weg zum Glück gesucht hat, ist klar geworden, daß es schwierig und unsicher ist, das Glück zu erlangen, und es ist deshalb in andere Erfüllungen verlegt worden als die es sind, in denen es natürlicher Weise, ohne Reflexion gefunden wird. Der (ursprüngliche) Buddhismus hat überhaupt an der Möglichkeit des Glücks verzweifelt und es ganz aufgegeben. Für ihn hat das Leiden alles andere überschattet und alles andere Streben, nach Lust oder Glück oder Tugend, überwältigt. Um ihretwillen gibt er den Willen zu leben auf. So stellt er ein paradoxes Lebensziel auf: Verneinung des Lebens. Aber diese Zielsetzung ist aus falschen Voraussetzungen geboren. Es ist einmal der Wahn der Wiedergeburt. Diese soll durch die Ertötung des Lebenswillens verhindert werden. Wenn dieser Wahn wegfällt, verschwindet der eine Grund für die Lebensverneinung. Der andere Grund liegt in der Hilflosigkeit gegenüber dem Leiden, in der Überschätzung seiner Unvermeidlichkeit. Es gibt aber andere Mittel dagegen als das Kind mit dem Bade auszuschütten. Die Kulturgeschichte hat es zur Genüge gezeigt. Darum ist es kein gültiges Ziel des individuellen Lebens.

1. Bisherige Bestimmungen

Lust und Glück können nicht als Ziele des Lebens allgemein gefordert werden. Sie können nur tatsächlich erstrebt werden. Und das kann nur in den Grenzen, welche die Moral setzt, geschehen. Sonst würde es einen schrankenlosen Egoismus ergeben und dadurch würde die allgemeine Erreichung der primären Ziele unmöglich. Wenn jemand Lust oder Glück nicht von selbst erstrebt, kann es ihm nicht vorgeschrieben werden. Jemand kann wie *Nietzsche* sagen: Trachte ich nach meinem Glück? Ich trachte nach meinem Werke, man kann es ihm nicht verwehren. Von einem Asketen zu verlangen, daß er statt Askese sich Lust oder Glück zum Ziel setzen soll, hat keine Berechtigung. Es müßte damit begründet werden, daß Askese widersinnig sei, weil Lust oder Glück das Lebensziel für jeden sein müsse. Damit wird dieser Zielsetzung eine allgemeine Gültigkeit zugeschrieben, die aber nicht erwiesen werden kann. Ihr Nachweis wäre nur durch die Erkenntnis möglich, daß Lust und Glück für das Leben notwendig sind. Daß dies aber nicht zutrifft, wird dadurch erwiesen, daß das Leben auch geführt werden kann, ohne daß Lust oder Glück erstrebt wird. Die christliche Askese und die buddhistische Verneinung des Lebens zeigen es. Lust und Glück können darum nicht als allgemeingültige Ziele des individuellen Lebens aufgestellt werden.

Losgelöst von Lust und Leid wie auch von einer transzendenten Voraussetzung ist das Ziel der persönlichen Vervollkommnung (wie es *Leibniz* aufgestellt hat). Aber dieses Ziel kommt erst zur Klarheit, wenn angegeben wird, worin die Vervollkommnung besteht. Naturalistisch aufgefaßt, ist es die Ausbildung der körperlichen und geistigen Fähigkeiten, der allgemein menschlichen und der individuellen Anlagen. Es ist die Entwicklung von Kraft und Geschicklichkeit, von Intelligenz und Energie, von besonderer Begabung, die Vertiefung und Bereicherung des Gefühls. Aber das genügt nicht. Es kommt darauf an, wozu die gesteigerten Fähigkeiten verwendet werden. Sie sollen nicht bloß zu sportlichen Erfolgen verhelfen, zu Reichtum, Macht und Ansehen, zu Verbrechen. Es wird vielmehr sittliche Vervollkommnung der eigenen Person damit gemeint. So hat auch *Fichte* die Bestimmung des Menschen in der Moralität gesehen und diese in der Erfüllung der Pflicht. Dabei kommt es wieder darauf an, worin diese besteht. Wenn sie durch den kategorischen Imperativ gegeben wird, erschöpft sie sich in den Beziehungen zu den Mitmenschen; sie enthält dann kein *persönliches* Lebensziel für den Einzelnen allein. Und wenn die Moralität den Sinn des Lebens bilden soll, liegt die Gefahr zu nahe, daß das Leben dadurch verengt wird und verarmt. Wenn die Welt und das Dasein nur als Material für die Erfüllung der Pflicht betrachtet wird, bleibt vieles unbeachtet, was das Leben sonst noch wertvoll macht.

Alle die Lebensziele, die bisher in Betracht gezogen worden sind, können nicht als Forderungen der Moral für das individuelle Leben aufgestellt werden. Denn teils können sie nicht allgemein gefordert werden, wie Lust und Glück, teils sind sie leer, weil ihnen die volle Bestimmung mangelt, wie die Pflichterfüllung, teils beruhen sie auf falschen Voraussetzungen und sind darum ungültig, wie die buddhistische Lebensverneinung. Aber es gibt ein Lebensziel, das für jeden in gleicher Weise gilt, das eine allgemeine Forderung für die Führung eines jeden persönlichen Lebens bildet.

2. Die Kulturforderung

Die Lebensweise des Menschen ist von der aller übrigen Lebewesen verschieden. Deren Leben wird mehr oder weniger vollständig durch angeborene Verhaltensweisen bestimmt, die durch Schlüsselreize ausgelöst werden. Durch diese Organisation sind sie an eine bestimmte Umgebung und Funktion einseitig angepaßt. Der Mensch ist über diese Lebensweise hinausgewachsen. Die angeborene Organisation wird von erworbenem Verhalten überlagert. Das menschliche Leben geht nicht mehr in automatischen Abläufen auf; der Mensch muß es selbständig gestalten. Seine Lebensführung wird durch planvolles Handeln bestimmt. Die Fähigkeit dazu hat sich im Lauf seiner Geschichte immer mehr entwickelt. Im Anfang war der Mensch ganz von den Naturbedingungen abhängig und von der Übermacht der Naturgewalten schwer bedrückt. Vermöge seiner besonderen Fähigkeit der Intelligenz hat er sie durch ihre Erkenntnis beherrschen gelernt und in ihrer technischen Verwendung hat er sich immer mehr und bessere Mittel zur Durchführung seiner Absichten geschaffen. Durch die Sprache hat er die Fähigkeit erhalten, anderen mitzuteilen, was er begehrt und was ihn bewegt, und durch die Schrift, es in dauernder Gestalt zu bewahren. In der Kunst hat er die Möglichkeit freier Gestaltung nach Wunsch und Gefallen gewonnen. Durch die Moral und das Recht kann er sich von Kampf und Gewalt befreien und eine soziale Ordnung festlegen. Mit der religiösen und der philosophischen Weltanschauung kann er die Beschränktheit seiner bloß persönlichen Einstellung überwinden und sich in das Ganze einer Welt einordnen. Es sind die Schöpfungen der materiellen und der geistigen Kultur, durch die der Mensch über eine tierhafte Existenz hinausgehoben wird. Die Kultur bringt dem Menschen zunehmende Befreiung von der

Naturgebundenheit; durch sie wird er fähig, seine Lebensbedingungen weitgehend nach seinen Bedürfnissen und Wünschen zu gestalten. Die Kultur ist es, die den Menschen zum Menschen macht. Darum muß die Kultur für das individuelle Leben maßgebend sein.

Der Einzelne wird in ein Kulturmilieu hineingeboren. Die Kultur liegt ihm in objektivierter Gestalt vor. Was Einzelne gefunden haben, wird durch andere übernommen, ursprünglich durch Nachahmung, dann durch Überlieferung, und weitergegeben. So kommt ein unpersönlicher Bestand zustande, der in einer dauernden Gestalt objektiviert ist. Trotz vielfacher Verluste wächst er an und bildet ein Erbgut, das über die natürliche Ausstattung des Einzelnen in immer größerem Maß weit hinausgeht. Das ihm gebotene Kulturgut muß der Einzelne sich zueigen machen, soweit er dazu imstande ist. Er muß die objektivierten Schöpfungen der Kultur in seinem Erleben wieder aktuell werden lassen und sein eigenes Leben damit aufbauen helfen. Er muß an der Erhaltung und Überlieferung des Kulturgutes mithelfen und er soll, wenn er dazu fähig ist, es durch eigene Schöpfungen vermehren. Das muß das oberste Ziel des individuellen Lebens bilden. Diese Forderungen erhalten ihre Begründung dadurch, daß die Kultur für den Menschen spezifisch ist. Ohne Kultur kann er sein Leben nicht führen, er bleibt auf dem tierhaften Stand. Darum ist diese Zielsetzung für jedes individuelle Leben verbindlich. Sie ist die allgemeingültige Forderung der Individualmoral.

3. Kultur und Glück

Der Gesichtspunkt des Glücks hat eine Kritik der Kultur veranlaßt, der zu ihrer Entwertung führen könnte. Die Preisfrage, ob die Kultur den Menschen glücklicher gemacht hat, verlangt eine historische Feststellung. Aber einer solchen stehen kaum zu überwindende Schwierigkeiten entgegen. Die erste Frage ist: Wonach soll die Zunahme oder Abnahme des Glücks bemessen werden? Soll es die größere oder geringere Zahl derer sein, die sich glücklich fühlen? Oder soll es die Steigerung des Glücksgefühls sein und die Vermehrung der Möglichkeiten, es zu gewinnen? Mit dem Wachsen der Kultur hat in den Hochkulturen sich eine soziale Differenzierung ausgebildet und damit eine Ungleichheit der Chancen, glücklich zu werden. Für eine privilegierte Oberschicht sind sie weit größer als für die große Masse. Aber es ist nur eine Minderheit. Das hat auch in weltweitem Ausmaß stattgefunden. In den Industrieländern herrscht ein allgemeiner Wohlstand, in den unterentwickelten

Ländern lebt die große Mehrzahl in schlechten Verhältnissen. Aber der Wohlstand muß mit vermehrter Arbeit und Unfreiheit und Unruhe erkauft werden. Mit der steigenden Kultur werden die Lebensverhältnisse immer mehr verbessert, die Seuchen bekämpft, die Kriege eingedämmt, aber infolge dessen hat sich die Bevölkerung so vermehrt, daß die Nahrung zu wenig geworden ist und ein Drittel der Menschheit hungern muß und das zweite Drittel unterernährt ist. Ob die Kultur den Menschen glücklicher gemacht hat oder ob sie wenigstens seine Leiden gemindert hat, läßt sich nur für einen kleinen Teil der Menschheit bejahen.

Außer einer historischen Feststellung wird auch eine Untersuchung, inwiefern ein funktionaler Zusammenhang zwischen Kultur und Glück besteht, Klarheit schaffen. Jemand wird um so eher glücklich, je leichter seine Wünsche zu erfüllen sind, und das ist um so mehr der Fall, je geringer seine Ansprüche sind. Kinder sind am leichtesten glücklich zu machen. Primitive Völker wie die Pygmäen im afrikanischen Urwald und die Bergpapuas in Neu-Guinea werden von ihren Besuchern als glücklich und fröhlich geschildert. Einfache Menschen können leichter glücklich werden als komplizierte und anspruchsvolle. Die Kultur führt nun den Menschen von der Einfachheit weg, sie vermehrt seine Begehren und bietet ihm immer mehr Mittel zu ihrer Befriedigung, auch für Lustgewinn. Aber diese Errungenschaften werden wieder dadurch geschmälert, daß sie bald gewohnt und selbstverständlich werden und damit nicht mehr in ihrem vollen Wert bewußt bleiben. Man verlangt deshalb immer wieder nach Neuem, man wird immer anspruchsvoller und deshalb schwerer zufrieden zu stellen; es erwachsen immer neue Bedürfnisse, die neue Mittel zu ihrer Befriedigung erfordern und dadurch vermehrte Arbeit auferlegen und so die Freiheit der Lebensführung einschränken. Dadurch entsteht immer wieder Unbefriedigung trotz weitgehender Begehrenbefriedigung (wie es *Schopenhauer* übertrieben ausgesprochen hat: Die Menschheit leidet entweder an Not oder, wenn die Not gestillt ist, an Langeweile). So ergibt sich ein Antagonismus zwischen Kultur und Glück. Was die Kultur dem Menschen an Befreiung und Sicherheit bringt, wird nicht in steigendem Maß eine Quelle des Glücks, vor allem aber auch deshalb, weil die Kultur dem Menschen eine schwer empfundene Einschränkung in der Befriedigung seiner Triebe auferlegt und ihn dadurch statt glücklich eher neurotisch macht. Deshalb kann es zweifelhaft erscheinen, ob der Mensch durch die Kultur glücklicher geworden ist, ja es kann sogar verneint werden.

Die Kultur hat den Menschen der Natur entfremdet, er ist nicht mehr in sie harmonisch eingebettet wie die übrigen Lebewesen, er hat das natürliche Verhältnis verloren und es durch ein selbstgeschaffenes kompliziertes ersetzt. Deshalb könnte man in einer Umkehr zur Einfachheit des Naturzustandes wie *Rousseau* den Weg zum Glück sehen. Aber sie ist unmöglich. Denn der Naturzustand bestünde, wenn nicht in einem tierhaften Leben, im Zustand des nomadischen Sammlers und Jägers oder etwa noch des Ackerbauers, der nur mit den Mitteln arbeitet, die er mit eigener Hand besorgen kann. Aber der Mensch kann den einmal errungenen Stand nicht freiwillig aufgeben, er kann auf seine Technik, seine Medizin, seine kooperative Wirtschaft nicht verzichten. Er hat gar keine Wahl. Er ist einmal aus dem Naturzustand herausgewachsen und muß sein Leben auf eine Weise führen, für die er auf die Kultur angewiesen ist. Sie ist seine Lebensform, sie bestimmt sein Schicksal.

Die Loslösung von der Natur, die in der Kultur liegt, bringt allerdings eine ungeheure Gefahr mit sich. Indem sie den Menschen frei macht, stellt sie ihn auf sich selbst und es kommt darauf an, ob er die Aufgaben, die aus dieser Lage entspringen, bewältigen kann. Das ist die Daseinsfrage für den Menschen. Wenn er dazu nicht imstande ist, in körperlicher und in seelischer Hinsicht, bedeutet die ganze Kultur eine Sackgasse im Werdegang der Lebewesen und führt zum Untergang des Menschengeschlechts. Der Mensch kann durch die Entfremdung von der Natur entarten und zugrundegehen, wenn es ihm nicht gelingt, sie durch eigene Schöpfungen aufzuwiegen. Der Mensch kann nicht anders als dieses Risiko auf sich zu nehmen. Deshalb kommt es auf eine Entscheidung der Frage, ob der Mensch durch die Kultur glücklicher wird, gar nicht an. Die Kultur kann nicht als bloßes Mittel zum Glück betrachtet werden; sie ist die Art, wie der Mensch sein Dasein führt. Darum muß die Kultur das oberste Ziel seines Lebens sein, ungeachtet dessen, ob er durch sie glücklicher wird oder nicht. Er kann nur suchen, durch die Kultur das Glück herbeizuführen.

VI. Die Überwindung des moralischen Relativismus

Es ist für die Moral wesentlich, daß ihre Forderungen freiwillig, nicht infolge von Zwang erfüllt werden. Aber die Bestimmung der Freiwilligkeit ist noch zu weit. Auch wenn ihre Forderungen zur Vermeidung von übler Nachrede, zur Vortäuschung von Moralität erfüllt werden, sobald es unvermeidlich oder zweckmäßig ist, geschieht es freiwillig. Moralisch ist ein Verhalten nur dann, wenn die Normen nur wegen der Verpflichtung, nur um des Sollenswillen erfüllt werden und nicht aus egoistischen Motiven. So wird aber auch die Blutrache darum geleistet, weil es ein Gebot ist, ein getötetes Familienmitglied zu rächen. Diese Forderung wird von außen gestellt, durch das Herkommen, die Gemeinschaft. Es ist eine heteronome Moralität, die sich so ergibt. Autonom ist sie, wenn es Forderungen sind, die man selbst an sich stellt. Damit erweist sich jedes Verhalten als moralisch, das durch ein persönliches Ideal bestimmt wird. Es kann das Ideal des Herrenmenschen sein oder das Ideal des Philanthropen oder das Ideal persönlicher Askese. Sofern das Kriterium der Moral in der Art der Motivation liegt, in der Entscheidung allein um des Sollens willen, kann es mehrfache, verschiedene Moralen geben. Aber sie haben nur *persönliche* Gültigkeit, weil ihre Forderungen nur aus einem persönlichen Ideal entspringen; sie sind nicht allgemeingültig. Nur einer Moral, welche auf Erkenntnis gegründet ist, kommt Allgemeingültigkeit zu, weil Erkenntnis allgemein anerkannt werden muß.

Erkenntnis nimmt auch der Utilitarismus und der Buddhismus als Grundlage in Anspruch. Für den Utilitarismus ist es die Erkenntnis der Bedingungen des sozialen Lebens oder des allgemeinen Glücks. Aber es mangelt ihm der Grund, warum der Einzelne sich durch diese Erkenntnis bestimmen lassen soll, wie früher (S. 98) auseinandergesetzt worden ist. Der Buddhismus legt vier „Wahrheiten" zugrunde: Daß das Leben Leiden ist, daß das Leiden durch den Durst nach Leben entsteht, daß deshalb das Leiden nur durch die Ertötung des Lebenswillens zu überwinden ist und daß dies auf dem „achtteiligen Pfad" erreicht wird. Aber diese „Wahrheiten" sind keine. Das Leben ist nicht ausschließlich Leiden und muß auch nicht überwiegend Leiden sein. Deshalb ist der Lebenswille nicht unbedingt eine Quelle des Leidens. Und das Leiden muß nicht lediglich durch Ertötung des Lebenswillens aufgehoben werden, sondern durch die Erkenntnis seiner Ursachen und ihrer Beseitigung. Buddhismus und Utilitarismus berufen sich also fälschlich auf Erkenntnis, um ihre Moral zu begründen.

Andere Moralen haben zu ihrer Grundlage die Autorität genommen, so die religiös begründeten, oder sie werden einfach verkündet, d. i. dogmatisch aufgestellt, wie die Herrenmoral. Ihnen fehlt die Allgemeingültigkeit. Die dargelegte soziale Moral und die Individualmoral ist die einzige Moral, die durch Erkenntnis begründet werden kann und damit Allgemeingültigkeit erhält. Es ist die Erkenntnis von Tatsachen und tatsächlichen Beziehungen. Die Forderungen der *sozialen* Moral werden begründet als notwendige Bedingungen für die Erreichung von naturgegebenen Zielen. Es sind gesetzmäßige Beziehungen zwischen Tatsachen, durch welche die Bedingungen für eine allgemeine Erreichung dieser Ziele bestimmt werden. Sie sind damit hypothetische Imperative. Wenn man die Ziele erreichen will, muß man die Forderungen erfüllen. Nun werden aber diese Ziele tatsächlich allgemein erstrebt. Jeder will seine Begehren soweit als möglich befriedigen. Infolge dessen haben die moralischen Forderungen tatsächlich die Geltung von kategorischen Imperativen.

Die Forderung der *Individual*moral wird nicht als Bedingung für die Erreichung eines Zieles begründet, sondern durch die Tatsache, daß die Kultur die Lebensform des Menschen ist. Sie bildet das Mittel, daß er sein Leben selbständig gestalten kann. Deshalb hat die Forderung, das individuelle Leben durch die Kultur leiten zu lassen, kategorische Gültigkeit.

Die Frage: warum soll jeder die moralischen Normen anerkennen und erfüllen, geht auf eine Motivation. Diese gibt die Erkenntnis, wie sie dargelegt worden ist. Weil die Erkenntnis allgemeingültig ist, muß die durch sie begründete Moral als gültig allgemein anerkannt werden. Jeder muß ihre Forderungen als solche erkennen, die erfüllt werden sollen, d. i. das Verhalten bestimmen sollen. Der Einzelne erkennt, daß die moralischen Forderungen bestehen und daß er sich ihnen gemäß verhalten soll. Ob dieses Wissen für ihn zum Motiv wird, sich tatsächlich so zu verhalten, ist seiner freien Entscheidung anheim gegeben, dem Spiel oder Kampf der Motive. Die Erkenntnis kann es nicht auf jeden Fall herbeiführen. Es handelt sich um eine theoretische Begründung der Moral; diese wird dadurch nicht auch praktisch verwirklicht.

Namenregister

Acham, K. 6
Albert, A. 6

Bentham, J. 98, 135
Bergmann, G. 61
Bochenski, M. 28
Bohr, N. 43, 44, 64
Braihwaite, W. 101
Braithwaite, W. 101
Brentano, F. 9
Bridgman, P. 52
Brodbeck, M. 67
Broglie, L. de 67, 87, 89
Brouwer, L. 35
Buchner, E. 87
Butler, J. 95

Carnap, R. 9, 29, 36, 47, 48, 49, 50, 52, 53, 86

Demokrit 41
Duhem, P. 63

Feigl, H. 62, 74, 86
Feyerabend, P. 64
Fichte, G. 136, 137
Fränkel, A. 18
Frege, G. 35
Frey, G. 35

Gehlen, A. 13

Hägerström, A. 101
Hartmann, N. 100
Hegel, G. W. 16
Heisenberg, W. 43, 44, 64
Hempel, C. 36, 49, 52
Heyting, A. 35
Hobbes, Th. 95
Hume, D. 106
Hutcheson, Tr. 95

Juhos, B. 24, 28, 33, 34, 42, 56, 65, 76

Kant, I. 35, 36, 47, 65, 81, 99, 118

Lamont, W. 101
Leibniz, G. W. 35, 137
Leinfellner, W. 80
Levy-Bruhl, L. 101
Locke, J. 95

Mach, E. 36, 63
Margenau, H. 57
Mark, H. 87
Maxwell, G. 61, 64
Menne, A. 26
Mill, J. St. 35, 98
Moore, G. 103

Nagel, E. 63
Nelson, L. 16
Neurath, O. 77
Nietzsche, F. 121, 137

Oppenheim, P. 67

Pasteur, L. 87, 88
Popper, K. 78
Portmann, A. 13

Reichenbach, H. 33, 74
Ross, A. 101
Rousseau, E. 140
Russell, B. 35, 36, 48, 58

Schelling, Fr. 16
Schlick, M. 49, 53, 59, 60, 62, 76
Schopenhauer, A. 92, 93, 109, 118, 140
Scriven, M. 67
Shaftesbury, A. A. 95
Simmel, G. 96, 101
Smith, A. 95
Stegmüller, W. 9, 11, 26, 29, 62, 86

Stevenson, C. 101

Tarski, A. 9, 11

Vaihinger, H. 63
Verdroß, A. 125, 130, 132

Weizsäcker, F. v. 44, 45, 64, 65
Whitehead, A. 35
Wittgenstein, L. 9

Zinnov'ev, A. 22

Sachregister

Allgemeinheit 26, 27
Anerkennung 84
Artgleichheit, menschliche 115, 119

Begriffe, theoretische 48, 49, 52
Begründung 16
Beobachtung 51
Beobachtungsbegriffe 49, 50
Beobachtungssprache 48, 49, 50
Biologische Funktion der Erkenntnis 14, 15, 17
Buddhismus 113, 115, 136, 142

Definition, ostensive 53

Eigenschaften, körperliche 55, 56
Einschränkung der moralischen Normen 128, 129
Einsicht, unmittelbare 23, 34
Elite 124
Empirismus 35, 36
Erklärung 67
Ethik 94, 111

Forderung 53, 54, 104, 105, 107—110
Freiheit 116

Geometrische Begriffe 53, 54
Gesetzmäßigkeit 40, 72, 73, 74
Gestalt 54
Glaube 80, 81
Glück 135, 136, 137
Größe 54, 55

Handeln, planvolles 13, 14
Herrschaft 112, 123
Hilfe, gegenseitige 116

Ich 23
Idealismus, transzendentaler 81
Implikation 31
Induktion 74
Instrumentalismus 63, 81

Kampf 112
Kohärenztheorie 79, 80, 86
Konstatierung 76, 77, 78
Konventionalismus 63, 80
Korrespondenztheorie 85
Kraft 57

Ladung, elektrische 58
Länge 56
Lebenssicherheit 115
Lebensverneinung 136, 137
Lust 134

Masse 56
Messung 56
Metaphysik 82

Naturgesetze 86—89
Neuschöpfung 23, 27, 39, 40, 47, 89
Nominalismus 25, 26

Ontologische Begründung der Logik 33

Pflicht 137

Pragmatismus 14, 15, 90, 91
Protokollsatz 77

Rechte, moralische 125
Richtigkeit des Rechts 132, 133

Satz vom ausgeschlossenen Dritten 21, 22
Schädigungsabwehr 115
Schließen 31, 32
Selbsterhaltung 115
Selbstvervollkommnung 137
Sicherheit 115
Sinneseindrücke 13, 19, 50
Solipsismus 62, 65
Sollen 105, 107—110
Sprache, theoretische 48, 49

Stoa 135
Strafen 126, 127
Substanz 58

Teleologische Beziehungen 106, 107

Übereinstimmung, intersubjektive 79
Überlegenheit 121—123
Utilitarismus 98, 119, 142

Verhalten, angeborenes 13

Wahrheit 11, 33, 34
Wahrscheinlichkeit 83, 84
Wertcharakter 102, 103

Zahl 40, 41, 53

Printed by Libri Plureos GmbH
in Hamburg, Germany